질투

La Jalousie

질투, 사랑의 그림자

폴-로랑 아숭 지음

표원경 옮김

Leçons psychanalytiques sur
La Jalousie

차례

서(序) 11

질투와 정신분석 12 • 질투를 한다는 것은? 14 • 같으면서 다른 질투와 시기심 19 • '열심'_시기와 질투 증상의 의미론 21 • '그럴듯해 보이는 가짜' 사랑_질투증후군 24 • 병적 질투와 질투 증상 27 • 프로이트의 질투 29 • 라캉의 질투 32 • 무의식의 질투를 찾아서 36

제1부 질투의 형태론
　　: 경쟁, 투사, 망상

1 정상적인 질투 43

질투는 정서일까? 고뇌일까? 45 • 애도와 질투 46 • 질투, 상처 입은 나르시시즘 48 • 공격성과 질투 50 • 죄의식과 질투 51 • '과잉정서'와 질투_질투의 메타심리학(1) 53 •

어른의 질투는 유년의 질투에서 유래한다 54 · 양성애와 질투 56

2 투사와 질투 59

내가 아니라 네가 그런 거야!"_투사질투의 논리 60 · 투사, 질투 메커니즘의 핵심_질투의 메타심리학(2) 62 · 소중한 것을 빼앗긴다는 두려움_질투의 시기심이 투사하는 것 65 · 투사에서 망상까지 67

3 망상과 질투 71

질투, '발효'된 동성애 73 · 기만하는 타자_해석망상 75 · 프로메테우스의 고통_질투의 형벌 79 · 성행위 이후의 질투_수동적인 동일시 80 · 엄마, 아내, 창녀 82 · 질투, 꿈과 각성 사이 83 · 신호들의 광기_'관계망상'과 '질투편집증' 87

제2부 질투의 주관적인 역동성
: 시기심, 우애, 오이디푸스

4 요람에서의 질투 : 거울의 경험 91

고통에서 불안까지_질투의 선사시대 92 • 떠오르는 질투_시기심의 서막 93 • 외상은 시선에서, 질투는 몸에서 96 • 어머니의 퇴위 97 • 눈을 사로잡는 것_결핍의 대상 100 • 질투, 시기심과 탐욕 사이_라캉 vs. 클라인 102 • 질투의 절대 악_거울의 폐해 103 • 시기하는 상상계에서 욕망의 대상까지 104 • '질투주이상스'와 이미지화할 수 없는 질투_내기가 된 주이상스 106

5 형제간의 질투 109

가족 속의 낯선 사람 공포_유년의 질투 110 • '빨간 망토'_절대 빼앗길 수 없는 것의 대명사 112 • 형제간의 사도-마조히즘_환상의 작업 114 • 동성에 대한 사랑과 미움의 질투_형제 콤플렉스와 동성애 116 • '카인 콤플렉스'_거부된 대상 119

6 오이디푸스의 질투 121

어머니의 스케줄 123 · 마조히즘의 주이상스_질투의 기원적 장면 125 · 지식, 혹은 흥분의 원천으로서의 질투 127 · 양성애 경향의 질투 129 · 질투는 여성의 전유물일까? 131

제3부 증상과 문학을 통해 읽는 질투

7 질투 신경증과 성도착 141

동일시에 의한 질투 142 · 내게 없는 것을 가진 '다른 여자'_히스테리의 질투 144 · '질투는 욕구'일까? 강박적인 사랑일까? 146 · '낯선 사람'에 대한 경계_공포 아우라의 질투 147 · 강박증적으로 질투하거나, 불가능한 것을 욕망하거나 150 · 질투의 성도착적인 특징 153 · 질투와 전이 155

8 질투 정신증 157

질투와 편집증 158 • 알코올 중독과 '망상질투'_폐제의 결과 159 • 분열에서 정신증까지_여성의 망상질투 161 • 질투행위 165 • 색정광_작동되지 않는 질투 170 • 투사에서 망상으로_질투정서와 거부 171 • 질투의 광기_편집증 vs. 우울증 173

9 문학과 질투 175

《오셀로》_질투 비극의 주인공 177 •《오쟁이진 너그러운 남자》_질투의 광기 180 •《잃어버린 시간을 찾아서》_사랑에 내재된 불안과 슬픔의 예술 187 •《롤 베 스테인의 황홀》_마비된 질투 193

10 질투, 사회적 관계와 상징체계 197

유혹의 사회적 체계_일탈로서의 질투 198 • '잔혹함'에서 사회적 유대로 200 • 인류의 아버지_질투의 주체이자 기원 202 • 대중과 질투하는 사람 206 • 결혼제도와 여성의 지위_제도화된 질투 209 • 권력과 질투 212 • 질투와 범죄충동 213 • 질투의 미움에서 '이웃사랑'으로_ 질투의 종교적 해법 215 • 질투하는 신'_ 유일신 217

결(結) 221

질투의 메타심리학 (요약) 222 • 질투의 '세계' 223 • 질투하는 사람의 유희__배신 225 • 욕망 vs. 주이상스_질투의 재앙 228 • 질투너머의 질투를 한 '메데아' 229 • 죽은 대상을 두고 질투한 '햄릿' 231 • 대상숭배에서 독점욕의 광기까지 232 • 전이의 질투 속 질투 윤리 233 • 내가 나를 질투하기_박해망상 235

주(註) 237

일러두기

- 이 책의 원서명은 Leçons psychanalytiques sur la jalousie(질투에 관한 정신분석 수업)입니다.
- 원서의 프랑스어, 영어 외 다른 외국어들은 이탤릭체로 표기했습니다.
- 본문의 [ ] 속 내용은 옮긴이의 주(註)입니다.

서(序)

"나는 질투가 정상적인 심리와 병적인 심리 모두에 대해 가장 깊이 있는 이해를 갖게 한다고 본다." 프로이트

이 말은 프로이트가 '초기의 망상질투'를 이해하기 위한 연구를 하고 있을 때 한 것이었다.[1] 또한 그는 질투가 '정상적인 정서'에 속하지만 "인간의 행동과 성격에 없는 것처럼 보인다는 점에서 대단히 심한 억압에 눌려 있는, 그래서 무의식의 심리생활에 중요한 역할을 하고 있다"[2]는 주장을 덧붙인다. 이제부터 우리는 이러한 무의식적인 질투의 목적과 효과들이 갖는 의미를 살펴보기로 한다.

질투와 정신분석

인간의 특징적인 '성격'과 '행동'으로 잘 알려진 질투는 그 이유에서 정신분석적으로 접근해 볼 수 있다.

정신분석의 창시자는 질투를 '정상적'이면서 '병적'인 심리생활의 암호와도 같아서, 그 개념을 정확히 안다면, 무의식적 언어의 중심으로 들어갈 수 있다고 한다. 그는 질투를 해보지 않은 사람은 없다고 단언한다. 우리가 느끼지 못하고 있는 순간에도 질투는 무의식의 무대에서 활약하고 있기 때문이다. 질투하는 자신도 알지 못하는 무의식의 질투는 어떻게 행동으로 나올 수 있을까? 우리는 그것을 환자의 주관적 입장에 관련되어 있는 질투하는 방식의 탐색과 연구를 통해 충분히 알 수 있다. 마르셀 프루스트는 사람들이 감기에 걸리는 방식이 있는 것처럼 질투하는 방식도 있다고 한다.

과연 우리 중에 누가 사랑에 빠지고도 질투하지 않을 수 있을까? 우리는 질투의 고통에서 자유로운 사람은 없다는 프로이트의 주장을 증명할 필요가 있을까? 사람들은 자신이 최소

얼마간의 질투가 있다는 점을 인정한다. 우리 수업의 목적은 이렇게 쉽게 만날 수 있는 질투의 의미가 무엇인지 파악하는 데 있다.

질투 그 자체는 정신분석의 개념에 오르지 못한다. 그것은 질투가 직관적으로 분명해 보이는 현상이고 상태이기 때문이다. 우리는 가볍게, 혹은 심각하게 질투한다. 그 때문에 아파한다. 그리고 나를 사랑하는 사람의 기분 나쁘지 않은, 아니 기분 좋은 질투를 받는다. 이쯤 되면 질투는 우리 안에 있는 아주 친숙한 감정, 사랑의 열정이나 집착과 같은 감정일 수 있다. 문학은 질투의 쓰리고 아픈 경험을 아주 잘 묘사하고, 심리학과 정신병리학도 상당한 수준으로 설명한다. 그러나 정신분석은 경험의 묘사와 설명을 넘어선다.

질투의 증상에는 에로스와 프시케처럼 힘없는 아이의 질투 같은 '사랑의 집착', 사랑의 어두운 그림자가 따른다! 이런 독특한 성격의 질투는 사랑이 해체되지 못하게 하는 힘도 있는 것 같다. 그러나 그것은 질투가 쓰고 있는 가면일 뿐이다. 무엇을 위해 질투는 그런 가면까지 쓰고서 가장무도회를 벌이는 것일까? 정신분석은 주도면밀하게 그 경험에 집중해서 질투가 감추고 있는 것, 감추기 위해 했던 것을 밝혀내고자 한다. 여기서 무의식에 관한 우리의 지식은 가장 명백하고 확실해 보이는 것들의 배후를 탐색하고 그 복합성을 밝혀내고 체계적으로 뒤엎으면서, 정상적인 질투와 병적인 질투가 나뉘는 지점까지도 확인시켜준다.

프로이트는 질투를 심리생활과 '영혼'의 중추로 가는 탁월한 통로라고 힘주어 말한다. 몽테뉴도 인간의 영혼과 질투와의 관계를 '인간의 영혼을 슬프게 하는 가장 격렬하고 공허한 질병'이라고 한다. 그런데 정신분석은 다르다. 그것은 사랑의 공허함을 배경으로 하는 질투에서, 그런 '공허함'과는 아주 다른 얼굴을 발견한다. 질투는 주체의 분열로써만 유지될 수 있는 '파란만장한' 진실을 담고 있기 때문이다.

질투를 한다는 것은?

먼저, 질투와 관련한 프랑스어 단어와 그에 대한 중세 로망어에서의 반향들부터 이야기할 필요가 있다.

프랑스어의 Jaloux(잘루)는 질투하는 사람이라는 뜻을 가진다. 그것은 열성을 의미하는 'zèle(젤르)'와 경쟁심의 'émulation(에뮬라시옹)'의 합성어인 라틴어 *zelosus*(질투하는, 열성적인)를 어원으로 한다. 12세기에는 질투하는 상태를 뜻하는 명사 'jalousie(잘루지)'가 사용되었고, 14세기부터 행위를 의미하는 동사 'jalouser(잘루제)'가 나온다. 그러다가 16세기에 들어서면 사람들은 전투복을 '잘루지'라고 말하기 시작한다. 나무나 쇠로 된 격자창의 당시 전투복이 블라인드나 '덧문', 혹은 '덧창'처럼 안에서는 밖을 볼 수 있지만 밖에서는 안을 보기 힘든 형태였기 때문이었을까? 아무튼 그런 전투복, 잘루지는 자신은 드러내지 않으면서 남들은 살필 수 있는 질투와 응시 관계에 대한 아주 훌륭한 메타포이다. 실제로 질투하는 사람은 라이벌과 질투대상에게서 눈을 떼지 못한다. 왜 사람들은 질투를 하면 기게스처럼 ― 반지 알을 돌리면 다른 사람의 눈에 띄지 않게 되는 ― 자기는 보여주지 않고 라이벌이나 질투의 대상은 보려고 하는 것일까? 질투하는 사람들이 그의 질투대상에게서 잠시도 눈을 떼지 못하고 감시하는 이유는 무엇일까?

우리는 그 이유를 단어 질투의 라틴어와 프랑스어 역사[3]에서 찾아볼 수 있다. 그리스어의 '질투하는', 혹은 '질투하는 사람'이라는 zelotypus와 '질투, 시기'의 zelotypia에서 영향을 받은 라틴어의 질투는 '경쟁심'을 뜻하는 aemulans, aemulatio를 강조하면서 '이기고 지키려는' 열정을 담고 있다. 성서의 열심당원인 '젤롯당원'도 그런 의미를 잘 드러내는 대단히 좋은 예이다. 유태의 열혈 애국당원이었던 그들은 하느님과 모세오경에 자신의 생명과 인격을 걸고서 그것을 방어할 준비가 되어 있는 열성적인 사람들의 모임이기 때문이다. 이후 1135-1150년 즈음에 그 단어는 프로방스어로 된 음유시인의 시 속에 등장하고, 1160년경에는 프랑스어와 이탈리아어, 스페인어로 된 《에네아스 이야기》에도 나온다. 질투가 궁정풍의 연애에 들어온 것이다. 다만, 프랑스어에서는 수탉을 가리키는 단어인 'jal'의 영향으로 철자 'e'가 'a'로 된 것 같다. 이렇게 jalousie의 토템 문장은 사육장 안에서 자신의 배타적인 남성성을 방어하기 위해 무시무시한 발톱을 세우는 대단히 거만한 날짐승, 수탉이다.

이런 어휘의 역사를 가진 질투, 그 질투를 한다는 것은 무엇을 한다는 말일까?[4]

먼저 질투는 '마음을 사로잡은' 것을 향한 '강한 애착'과 '편치 않은 마음'을 가리킨다. 왜냐하면 이런 마음은 '열심'과 함께 움직여서, 행동을 해도 너무 과하게 하기 때문이다. 17세기 비극적인 희곡은 우리에게 '자신의 이익이나 행복과 상관없는 가혹한 애착' 행동에서 나온 질투의 결과를 볼 수 있다. 그것은 '자신의 명예에 집착하는jaloux', 그 자체로 '용감한généreux' 17세기 프랑스 극작가 피에르 코르네유Pierre Corneille 희곡에 나오는 인물들의 처신방식이었다. 그 인물들에게 질투는 자신의 '이익'을 해치는 행위라는 이유 때문에 정당하며 고귀함과 성스러움까지 더해져서 기어이 지켜야 하는 의연한 태도이자 '의무', 고귀한 기개의 탁월한 '덕'으로 추앙되었다.

이후 질투의 의미에 '새로운 어떤 대상에 대한 타자의 애착과 그런 옛 애착들을 시기하는 대단히 독점적인 사랑과 우정'이 추가된다. 이런 질투가 가장 대중적인 의미의 질투, '배타적인 소유욕'의 질투이다. '의심하는 일'은 타자(경쟁자)에 대한 불확실한 것을 제멋대로 해석해서 그 책임을 사랑하는 대상에게 함부로 전가하고 덧씌우는 일을 말한다. 질투하는 사람은 가장 사랑하는 가까운 대상에게서 어떤 낯선 이상함을 느낀다. 그리고 대상이 자신의 영향력이 미치지 않는 곳에 있을 때의 비밀스러운 행위와 감정들을 의심한다. 이는 질투의 대상에 대한 독점권을 의미한다. 사랑에 빠진 주체는 확실히 '공유하기를 좋아하지 않는 사람'이다. 그러나 그 주체는 대상이 타자와 동일시할 때부터 타자의 유혹에 넘어간 자신의 대상이 앞으로는 그의 것이 될 수 없다는 의심, 그래서 자기에게서 멀어져가고 있다는 의심에 사로잡힌다. 자신의 대상에게 독점권을 행사하지 못하게 된 주체에게는 앎에의 욕구가 샘솟는다.

오늘 날의 질투는 '사랑하는 사람의 배신에 대한 확신이나 두려움에서 오는 슬픔과 노여움'을 가리킨다. 이런 의미의 '질투'는 12세기의 《페르스발》 [프랑스 시인인 크레티앵 드 트루아 Chrétien de Troyes가 쓴 작품. 아서 왕과 그의 기사들이 성배를 찾는 이야기에 궁정의 로맨스를 곁들인 프랑스의 중세 궁정문학을 대표하는 작품으로, 페르스발은 그 기사들 중 한 사람이다] 에서 묘사된 '사랑하는 사람의 신의를 떠보는 불안한 감정'과도 통한다. 그러한 질투 용법은 사랑하는 관계에 있는 사람들이 주고받는 말투에서 묻어나온다. 당시의 궁정의 언어는 배신을 의심하는 말에 앞서 대상을 이상화하는 찬사들로 장식한다. 확실히 질투는 권력의 언어에 물들면서 사랑의 언어를 넘어선다. 거기에는 '다른 사람들이 가진 재화', 곧 타인의 유형과 무형의 재화, 즉 재물과 행복을 나도 갖고 싶다는 욕망에서 비롯된 고통과 노여움이 들어있기 때문이다. 이렇게 질투가 '시기심, 혹은 부러움envie'의 동의어로 쓰이면서, 타자[사랑의 대상]는 '재화bien'로 취급되기 시작한다.

'사람들이 배타적인 소유권을 행사하고 싶어하는 재화를 잃는 일, 혹은 그것을 타인과 나누어야 하는 일에 대한 두려운 감정'은 질투와 시기심이 갖는 가장 중요한 공통분모이다. 여기서 질투의 경쟁적인 면모가 나온다.

이 수업에서, 우리는 두 개의 축을 통해 온전한 의미를 갖게 될 질투를 만나게 될 것이다. 하나는 대상 자체에 대한 욕망과 시기의 태도이고, 다른 하나는 타자와의 경쟁관계이다.

같으면서 다른 질투와 시기심

시기심과 마찬가지로 질투에도 타인의 기쁨을 상상하거나 직접 보는 데서 오는 고통이 있다. 그런 점에서 질투는 타인

기쁨을 함께 좋아하는 공감과 정반대이다. 독일어 *Neid*[질투, 시기, 부러움]는 '더 좋은 것을 갖고 있거나 더 큰 성공을 거둔 누군가를 향한 나쁜 감정, 불쾌감*Missgunst*[질투, 시기, 미움, 싫어하기], *Missgönnen*[싫어하다, 시샘하다]을 가리킨다. 질투하는 사람은 마치 그들이 '자신의 행운'을 빼앗기라도 한 것처럼, 그들의 기쁨jouissnce에 짙은 반감을 갖는다. 사랑이 자신을 좋게 만든다면, 질투는 타인이 나보다 더 커 보이는 모든 것을 시기하면서 자신을 왜소하게 만든다. 이것은 완벽한 외부 대상에 비해 자신은 그렇지 못하다는 느낌에서 오는 스피노자의 미움에 대한 정의와 충분히 일치한다.

라틴어 *invidia*[부러움, 시기심]는 질투와 뗄 수 없는 관계에 있다. 질투하는 사람이 그것을 유발하는 사람의 시기할만한 '것'을, 그것이 정말 시기할만한 것인지와 상관없이 질투하기 때문이다.

질투가 사람을 향한 마음이라면, 시기심은 그가 소유한 재화들을 겨냥한 마음이라고 하겠다. 다니엘 라가슈는 사람들이 '누군가를 시기하고 부러워하는 것'은 누군가가 가지고 있는 재화들 — 가치있다고 추정된 — 때문이라고 한다. 또한 라캉은 정말 그럴만한 가치가 있는 지도 알 수 없는 재화들을 가졌다는 이유로 사람들이 '누군가를 시기하고 부러워한다'고 한다. 모름지기 타자의 (내적, 외적인) 성공을 슬퍼하고 미워하는 데서 나온 부러운 마음은 나도 그러고 싶다는 갈망을 부른다. 그래서 라가슈는 질투를 '열심—질투jalousie-zèle'와 '경쟁—질투jalousie-rivalité'로 구분한다. 질투가 성립되려면 (상호주체적인) 세 사람이 있어야 하지만, 시기심은 주체와 (대상이 되는) 타자가 가지고 있을 것으로 추정된 어떤 것과의 관계만 필요하다. 사람들은 타자 속에서 찾아낸 무언가 때문에 그를 질투할 수밖에 없게 되고, 그 무언가를 부러워하고 시기한다.

'열심'
시기와 질투 증상의 의미론

프로이트는 독일어로 질투를 *Eifersucht*[질투, 시기, 경쟁심]라고 썼다. 그것은 본래 두려움, 곧 '누군가의 사랑을 잃거나, 다른 사람과 그 사랑을 공유해야만 하는 상황에 대한 견디기 힘들 만큼 고조된' 것으로, 이때의 질투는 '본래 자신의 것으로 전제된 이익이나 권리 등을 포기해야 할지도 모른다는 것에 대한 두려움'을 의미한다. 그런데 프로이트가 썼던 *Eifersucht*는 *Eifer*[열성]와 *Sucht*[병리학적인]의 합성어로서, 그 자체에 이미 '병적인 열정passion maladive'이 포함되어 있다. 즉 그것은 사랑이나 사랑의 독점성, 혹은 배타성을 잃는 데서 오는 두려움 이상의 것을 말하고 있음을 알 수 있다.5 프로이트는 질투를 '병적으로 커진 욕구'라고 했고, 우리는 그것을 '중독'과 동의어로 본다. 실제로 *Sucht*는 자신을 만족시키려고 애쓰는 집요한 욕구, 곧 거역할 수 없는 힘으로 분출되어, 열렬히 충족시킬 수 있는 대상을 찾게 하는*suchen*[누구에게서 무엇을 찾다] 욕구와 관련되어 있다. 때문에 거기에 사로잡힌 사람은 통제불능의 envahissant 병리적 차원으로 들어간다. *Sucht*를 사용하면서 프로이트는 욕동이 갖는 집요한 열성의 측면을, 선택한 대상에 본능적으로 몰두하는 경향을 강조한다. 또한 *Eifersucht*는 의미상 다른 독일어 *Rivalität*[경쟁, 대항] 와도 가깝지만, 어쨌든 질투에는 갈수록 더욱 커져가는 '중독성'과 유사한 독성이 있는 것 같다.

무엇보다도 질투가 '과잉집착'으로 이해되는 만큼, 질투와 집착은 아주 가까운 관계에 있다. 문제는 그 집착이 해도 너무 할 정도이기 때문에, (게르만어와 같은 로만어 계열 안에서) 질투의 중심에 있는 'passion', 즉 집착, 혹은 열정에 대한 의미론적인 검토가 필요해 보인다.

우리가 필요이상으로 드러내놓고 과시하는 행위를, 즉 특별히 지나친 경우를 '열심^{zele}'이라고 한다. 그리고 그것은 신념과 헌신이 담겨있는 '임무의 완수'처럼 순전히 '어떤 사람'이나 명분^{cause}에 봉사하는 헌신과 열의, 열정'을 의미한다. 그리고 열심에는 '맹목성', '어리석음'과 같은 것들이 포함되기 마련이다. 실제로 열심이라는 용어에 실려 있는 과장과 과잉의 개념은 '환상'의 형식을 통해 완성된다.6

Eifersucht[질투, 시기, 경쟁심]에 대해 말하는 것은 질투를 중독, 곧 병적 의존성^{Sucht}의 영역에 갖다 놓는 일이다. 그래서 질투하는 사람이 열렬히 사랑하는 형식에는 그 대상을 향한 적절하지 못한 '열심'이 있다. 그는 대상을 결코 놓아주지 않는다. 그리고 대상에 대한 그의 모든 염려와 행동을 원한과 매혹이 결합된 방식으로 설계한다.

'그럴듯해 보이는 가짜' 사랑
질투증후군

질투는 그때그때 나타나는 일시적인 행위와 상습적으로 지속되는 행위 사이에서 체계화된 '성격'이고, 또 증상이다. 때문에 질투 현상을 묘사하면, 임상에서 흔히 나타나는 특징들과 겹쳐질 수밖에 없다.

일단 질투는 불안과 흥분, 문자 그대로 분노와 화가 뒤섞인 정서로, 그 양상은 좌절상황과 관련된 불편한 침묵, 또는 언어적이고 물리적인 폭력을 동반한다. 정서로서의 질투는 몸에도 깊은 영향을 준다. 질투하는 사람의 위는 가까운 사람에게서 받은 고통과 반감의 경험에, 그리고 타자가 연인과 경쟁자로 양분되어 벌어지는 신경전에 민감하다. 실제로 그는 사랑하는 대상이나 리비도적으로 이끌리는 대상에 대한 사람들의 사고와 행동에서 신체증상 뿐만 아니라, 자신의 사고와 행동도 조직하고 전개한다. 어느 정도로 질투하는 것이 사랑하는 상태에 대한 증거가 되는 것인지를 말하기는 곤란하다. 질투하는 사람은 사랑하는 타자가 그가 알지 못하는 곳에서 음

흉하게 유혹하는 누군가(혹은 치명적인 여성)와 운명적으로 만나서 생각과 행동이 지배당할지도 모른다는 '추론'을 근거로, 타자의 출입과 움직임, 동요, 그리고 자주 만나는 사람들까지, 한 마디로 그의 모든 일과를 체크하는 것 이상의 일을 한다.

이런 질투에는 어떤 사고가 은폐되어 있는 것일까? 질투하는 사람이 진짜 사랑처럼 보이게 하는 '사랑의 연극'에서 사칭한 '그럴듯해 보이는 가짜faut-semblants'는 무엇일까? 그것은 질투하는 사람이 타자의 '생각과 리비도 속'에 들어있음에도 불구하고 철저히 은폐되었다고 추정하면서 세운 [타자의] 행동에 관련된 일련의 가정들을 전제로 한다. 그러니까 질투의 형식은 '가능성들의 세계'(프루스트)에 대한 끝없는 사색과 탐색이 된다. 질투하는 사람은 짐짓 그것이 자신의 이익을 크게 해치는 행위임을 알면서도, 사랑하는 대상의 주변에서 꾸며지는 것과 대상–인물personne-objet이 계획할 수 있는 것을 상상하고, 모든 방법을 동원해서 알아내려고 한다. 그는 그 분야의 전문가로서, 그렇게 자기 자신을 해친다. 한편 그는 자신이 은밀하게 '그것을 즐기고 있음'도 알고 있다. 그는 자신이 증오하고 혐오하는 환상화된 주이상스의 장면 연출에 적극적으로 참여하고 있다. 그는 사랑하는 사람의 부정不貞으로 인한 배신

감에 사로잡혀서, 그 사람의 거짓말과 소소한 비밀들, 그리고 '다 말하지 않은 것semi-dire'들을 열심히 탐색한다. 그러니까 질투하는 사람은 환각을 일으킬 만큼 지나치게 '정신적으로' 타자의 일에 사로잡혀서 그 생각에 시달리는 사람이다.

질투하는 사람은 자신이 상상하는 배신에 대한 자백을 받아내기 위해 '지나가는 말처럼' 부드럽게 잘 포장된 '탐색적인 대화'(프루스트)[7]의 방식을 사용한다. 또한 시인을 강요하는 강권적인 심문의 '예리한 질투 공격'(폴 부르제)[8] 방식을 사용하기도 한다. 용의자의 욕망이 다른 사람에게 있다고 확신하는 그는 부정행위에 대한 혐의, 혹은 비난받을 만한 '의도'에 대한 자백을 받아내기 위해 끝없이 심문한다. 극단적인 경우 그 심문은 마녀사냥처럼, 사랑하는 사람의 감춰진 감정들을 들춰내서 기어이 그의 진짜 욕망이 다른 사람을 향하고 있음을 인정하게 만들고야 만다.

여기서 우리는 소유욕에 지배당한 상처받기 쉬운 주장의 조합을 알 수 있다. 그것은 질투하는 사람이 깨달은 것으로, 자신의 '소유물'이 '영원히 자신의 것일 수 없다'는 것과 거기서 온 불안 때문에 더욱 더 권위적이고 지배적인 소유주가 될 수밖에 없다는 것이다. 거기에는 자기 자신을 희생자로 만드는 강탈당한 애정에 대한 내적 확신과 광기에 가까운 의심, 견딜 수 없는 모호함이 대비되어 나타난다. '나는 다 알고 있다!'는 확신의 순간에 그의 병적인 주이상스는 절정에 이른다. 자신에게 닥친 불운 보다 더 큰 두려움 때문에, 그는 기를 쓰고 '명백한 부정행위'를 찾아내려고 한다. 그렇게 그는 '명백한 부정행위'에 대한 확신을 가동시킨다.

기만적인 언어행위를 조준하는 질투는 거짓선서 행위를 목표로 하는 정서이다. 질투하는 사람은 암묵적으로든 명시적으로든 더 이상 지켜지지 않는 타자가 한 약속의 말을 믿지 못하게 된 까닭에, 그의 상징계는 대혼란을 맞이한다. 그는 불신으로 인해 사랑하는 대상을 의심하고 질투하면서 그와의 언약을 깨뜨릴 수 있는 위기를 자초한다.

병적 질투와 질투 증상

질투에는 '지나치다'는 특징이 있다. 그리고 이것은 에스키롤[프랑스의 정신병 전문 의사, 1772-1840]의 개념인 '정서적 편집광

monomanie affective'의 영향으로 병적인 열정으로 인식된다. 그리고 《본능적 편집광 연구(Bariod, 1852)》 이후 정신의학 문헌에는 '질투 편집증(Berthier, 1873)', '질투의 광기(Moreau de Tours, 1877)'와 같은 용어들이 등장한다.

같은 시기에 《알코올 음료로 인한 광기(1847)》의 마르셀과 《정신질환자에 대한 법의학과 정신의학 임상 개론》의 크라프트-에빙[정신병에 관한 저술로 유명한 신경학자, 1840-1902]은, 질투가 알코올중독과 관련이 있다는 문제를 제기한다. 그 즈음 프로이트는 라가쉬가 눈여겨보았던 '병적인 질투'를 '최고의 호의로 인식'하는 문제와, 1889-1901에 절정을 이룬 그의 연구논문과 운동의 대상이 된 문제 — 《질투: 법의학과 임상, 그리고 정신생리학적인 연구(Mairet, 1908)》에서 종합한 — 에 열중한다. 거기서 우리는 '법의학'이 주제어로 반복되고 있다는 점에 주목할 필요가 있다. 이제 질투는 '치정 범죄' 목록에 속한 '범죄의 가능성pousse-au crime'이 되어 범죄학의 연구 대상이 된다 (Étienne de Greef, 1935).

야스퍼스의 《성격 발달, 혹은 과정으로서의 망상질투(1910)》는 질투에서 '과정'의 양상을 부각시키고자 질투 상태를 제거한다. 질투는 심적 과정이라는 사상을 출동시켜야만 나타나는 과도한 반응이다. 프로이트의 질투에 관한 초기 연구와 클레랑보Clérambault의 《치정 망상들: 색정광, 호소망상, 질투(1921)》가 같은 시기에 이루어졌고, 라캉은 민코프스키Minkowski의 대표적 연구인 《정신의 자율운동 형태로서의 병적인 질투(1929)》의 영향을 받는다. 정신의학은 질투를 병적인 상태로 지정했지만, 정신분석은 질투 자체가 학문으로 증명할 수 있는 증상으로 구조되었다는 점을 새롭게 검토한다.

프로이트의 질투

이야기의 시니피앙 속에 잠기는 것이야말로 자연스럽게 이전의 접근들과 완전히 구분되는 언어 작업인 정신분석의 관행으로 들어가는 아주 좋은 방식이다.

프로이트가 질투 개론서를 따로 쓰지 않은 것은, 그의 모든 여정과 저술에 질투가 포함되어 있기 때문이다.

물론 《동성애 속의 신경증적 메커니즘들(1922)》처럼 질투에 관한 짧은 개론서가 있기는 하지만, 그것도 우리가 그 제목에서 보는 것처럼 질투만을 다루고 있지는 않다. 3부작으로 된 그 저술에서 질투는 뒤따르는 것에 따라, 한편으로는 편집증적인 정신증의 문제로, 다른 한편으로는 동성애의 문제로 다뤄진다. 그리고 그 설명은 자신의 동일시와 동성애 관련 연구서인 《군중심리와 자아분석(1921)》에 연결된다. 그때 프로이트는 증상으로서의 질투를 검토하면서, '병적인 질투'나 '치정망상délire passionnel'이라는 정신의학의 항목에만 머무르지 않고, 무의식의 인과관계를 통한 질투 분출의 정신현상적인 측면도 같이 살핀다.

이 기본 텍스트에 앞서 다양한 제목의 프로이트 연구는 우리에게 꿈이나 일상생활의 정신병리와 같은 무의식의 형성물에도 질투가 들어있음을 확인시켜주고 있다.

《세 편의 에세이(1905)》에서도 프로이트는 질투에 포함된 유아적인 성분을 확인한다. 물론 개인사의 본바탕을 형성하는 것은 오이디푸스 상황이지만, 프로이트는 그 이전 상황에서도 주체상호간에 나눈 욕동의 경험들 속에서 질투를 만난다. 보기에 따라 질투하는 사람은 모두 오이디푸스 극을 재현하고 있다고 의심해야할 만큼, 오이디푸스의 아이는 질투하는 아이의 표본이다. 실제로도 오이디푸스의 비극은 질투 사건처럼 보이고, 모든 질투 사건에는 오이디푸스의 사건과 '기원적 장면scène originaire'의 자취가 있다. 한편 질투는 형제관계의 중요한 특징이기도 하고, 또 거기서 온전한 진가를 발휘한다. 《사랑의 심리학(1910)》이 무의식의 숨겨진 부분에 있는 질투의 자리를 확인하게 된 것도 다름 아닌 형제관계에서다. 또한 논리적으로도 질투는 사랑의 특수 현상일 뿐만 아니라 '사랑의 대상선택'을 위한 '욕구besoin'로 나타난다는 점에서 중요하다. 그러나 그 이전의 기원적인 구강관계부터 페니스 선망에 이르기까지 질투에는 부러움envie의 의미가 들어있다. 그렇다고 그 부러움Neid[질투, 시기, 부러움, 선망]이 반드시 질투로 자라는 것은 아니다.

환상의 작법écriture을 검토하는 프로이트의 《매 맞는 아이Un enfant est battu(1919)》는 환상에 담겨있는 질투의 근본 성격과 의미를 표지한다.

또한 《토템과 터부(1913)》속 원시 유목민의 아버지의 특징인 끔찍한 질투, 가장 폭력적이고 맹목적이며 순수한 질투 형식을 수행하는 '경쟁자 없는' 질투도 우리는 알고 있다.

마침내 질투의 성차[性差]를 검토하던 프로이트는 질투에 사로잡힌 여성의 집착 강도를 강조하면서 여성과 남성의 질투 양상의 차이를 제시한다.

이러한 특징들의 질투는 욕동의 대립[사랑과 미움]에서 치정극으로 커나간다. 따라서 우리는 프로이트가 비극적인 질투를 분석하면서 환기시킨 요소들을 우리들 각자의 삶 속에서 마주칠 수밖에 없다.

라캉의 질투

프로이트의 풍부한 업적에도 불구하고, 정신분석과 질투는 다소 거리가 있었다. 그러나 흥미롭게도 질투는 정신분석으로 '복귀'할 수밖에 없다. 한편 질투는 카를 야스퍼스의 초기 연구들) 이후 현상학의 주요 주제가 된다. 다니엘 라가슈는 임상 사례로 가득한 《사랑과 질투(1947)》[9] 의 추천사를 쓰면서 프로이트의 연구가 지닌 가치를 무시하지는 않았지만, '심리학자의 서사적 견해'라는 점을 반복해서 강조함으로써 그것을 퇴색, 혹은 유보시켰다.

1932년부터 라캉은 질투에 관한 프로이트의 주요 문헌을 주석과 함께 현대적인 문체의 프랑스어로 번역하거나[10] 개작하는 동시에, 병리학과 연결된 질투와 편집증적인 정신증에 관한 논문도 연구, 출간한다. 그리고 거기서 질투의 영향력을 재확인하는 기회를 갖는다. 라캉은 질투를 프로이트의 명료한 설명과 관련시키면서, 그것을 자신의 연구과정에서 끊임없이 소개한다. 그는 프로이트의 질투에 관한 핵심이론을 참고하면서 〈에메Aimée 사례〉 연구도 수행한다. 거기서 그는 여배우에게 한 행위에서 박해성 질투발작의 절정, 즉 '편집증적인 성격'과 연결된 질투를 발견한다.

질투는 라캉의 세미나를 관통하고 있다. 라캉은 자신의 이론을 20년 전에 번역한 [프로이트의] 초판 텍스트에서 세웠기 때문에, 우리는 질투를 그의 처음 일곱 개 세미나 속 어디서든 찾아 볼 수 있다. 따라서 우리는 프로이트 이론을 보완해서 진술한 라캉의 발전된 설명을 배치할 것이다.

라캉의 질투는 〈젖 먹는 다른 아이〉(세미나 I, ≪프로이트의 기술적인 문서들(1954)≫)에서 처음 등장한다. 프루스트에 따르면, 질투는 치정과 상상의 차원에 관련되고, 거기서 한 발 더 나아가, 인간의 대상 설정과도 연관(세미나 II, ≪프로이트의 이론과 정신분석 기법 속의 자아(1954)≫)된다. 그것은 질투 문제를 프로이트의 대상선택을 참고로 해서 설명하는 것 같지만, (상상의) '작은타자'와의 관계와 자신의 거울에 비친 모습과의 격차를 고려해서 조합된 것으로서 새로운 반향을 취하고 있다. 그것은 성도착(1955), 즉 투사 차원으로서의 소통관계와 망상과 정상을 잇는 확실성과 변증법의 문제로 확인된다(1956). 한편 우리는 멜라니 클라인이 완성한 부러움과 갈망 이론(≪부러움과 감사(1957)≫)에서도 라캉의 이론이 반복되고 있음을 본다.

두 번째 시기에서 질투는 젊은 동성애자(세미나 IV, ≪대상관계(1957)≫)와 어린 한스의 사례를 — 거세에서 갖게 된 '상상의 아버지père imginaire'를 빗댄 '질투하는 신Dieu의 질투를 욕망하는' — 비교하면서 재검토한 대상관계 속에서 중요한 것으로 떠오른다.

'욕망의 그래프' 속 질투는 여성과 남성의 거세(세미나 V, ≪무의식의 형성물들(1958)》)로서의 박탈과 욕구좌절, 그리고 '큰타자에게 귀속된 욕망'과 같은 망상의 논리 안에 들어있다. 특히 심급^{instance}으로 승격한 욕망은 아우구스티누스의 거역할 수 없었던 어린 아이의 노랫말처럼 [수도원 담장 밖에서 들려온 노래, "펼쳐서 읽어보라, 펼쳐서 읽어보라"를 듣고 펼친 구절에서 아우구스티누스는 회심의 계기를 갖게 된다](아래, p. 94 sq.) 작은타자(세미나 VI. 《욕망과 그 해석(1959)》)와의 관계를 다시 묻게 한다. 뿐만 아니라, 햄릿의 '애도의 질투'는 욕망의 변증법에서 그 진가가 발휘되고, 그를 자기 아내와 대상에게로 돌아오도록 한다. 이것을 라캉은 J(A)라는 공식으로 정리한다(세미나 VII, 《정신분석의 윤리(1960)》).

'성적 질투는 주체가 예상할 줄 알아야 가능'해지는 만큼, 예상에 의해 재 소환된 아이는 욕망의 기초 이미지가 된다'(세미나 XI, 《동일시》). 그것은 시기심(세미나 XI, 《정신분석의 근본개념 4가지》)과 뒤에서 보게 될 '질투의 미움', '질투주이상스^{jaloissance}'(세미나 XX, 《앙코르^{Encore}》)의 형태로 회귀된 문제와의 구별을 필요로 한다. 그 문제에 관한 세미나의 마지막 말은, 우리가 만나게 될 모든 논리를 통해 밝혀질 정제된 진술로 "그는 질투하는 여성의 본성 속에 있다"(세미나 XXI, 《속지 않는 사람들의 방황Les non-dupes erren(1976)》》를 말하기 위함일 것이다.

무의식의 질투를 찾아서

프로이트는 무의식의 일반적인 상황에 녹아있는 질투 본래의 문제로 되돌아간다.

무의식의 충동으로서의 질투는 무슨 의미일까? 습관적이거나 간헐적인 질투발작에서, 혹은 그런 질투를 통해서 주체가 말하려는 것은 무엇일까?

여성과 남성이 서로 다른 '스타일'로 질투를 한다고 할 때, 그러한 성차가 의미하는 것은 무엇일까?

경쟁적인 차원으로서 '오이디푸스적인 관계'뿐만 아니라 '형제관계', 타자들과의 관계와 관련된 질투에서 우리는 무엇을 배우게 될까?

욕망과의 관계, 흥분을 경유한 주이상스와의 관계에서 질투는 사랑에 대해 무슨 말을 해 줄 수 있을까?[11]

본래 질투는 '사회적 감정'이 아니다. 그런 질투의 신경증적이고 정신증적인 행위는 어떻게 사회의 비극적인 사건들로 표현되는 것일까?

먼저 우리는 유형보다는 구조에 좀 더 가까운 벡터로서의 질투 **형태**를 검토한다(제1부).

그 다음은 자아가 처음으로 질투의 세례를 받는 순간에서 시작해서, 주체가 그것을 타자와의 관계 속에 연결 짓는 순간까지 질투의 주관적인 **역동성**을 재현할 것이다(제2부).

그리고 질투를 주요 주제로 하는 문학 작품을 통해 임상정신병리학부터 집단적인 발현 차원에 이르기까지, 그 모든 연결 지점에서 질투의 쟁점들을 재해석해 본다(제3부).

따라서 질투는 요람에서 사회적 관계까지, 개인적인 증상에서 인문학의 영역까지를 포괄한다. 그러니까 질투 현상은 기본적인 심리생활과 심각한 문제의 임상 정신병리학적인 갈

림길에 있는 주제인 셈이다. 선행된 가르침을 연장시켜서 검토한 질투는 보다 명확한 논리로 어린 시절의 형제간의 우애 12 부터 환상13 을 통해 전이14로 재연되는 여성과 남성의 사랑15의 관계16 까지 다시 작업할 것을 요청한다. 거기서 우리는 질투를 통해 다양한 심리 현상의 파노라마를 볼 수 있다.

제1부

질투의 형태론

경쟁, 투사, 망상

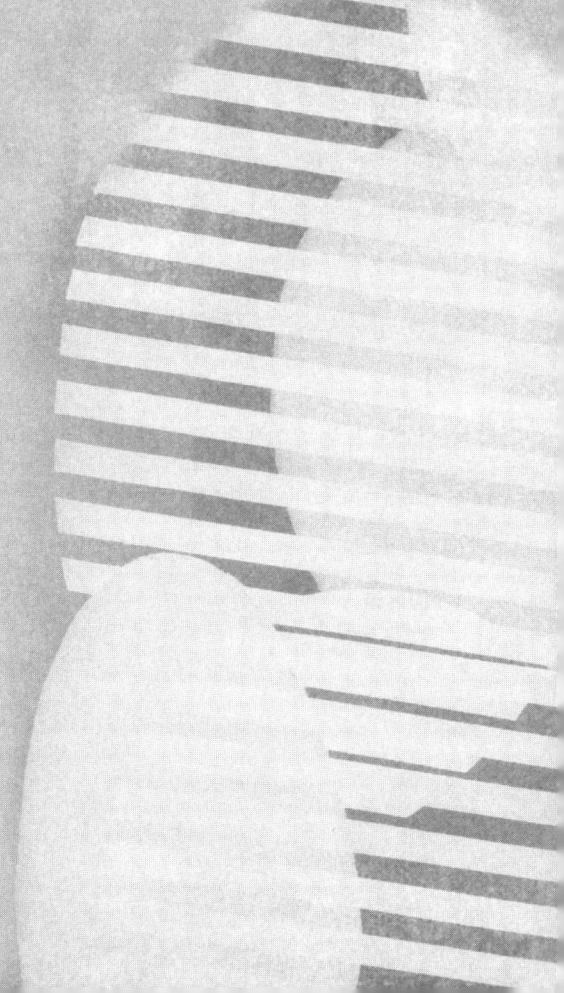

질투를 표제로 하는 문헌은 대개 결정된 법칙에 따른 심리과정의 전개절차인 '메커니즘'을 검토한다. 질투는 정상과 병리적인 심리 **과정**의 표제 아래, 규범에서 벗어난 성적 '대상선택' ― 동성애 ― 과 정신병리학적인 현상 ― 편집증 ― 이 더불어서 나타난다. 사랑하는 사람을 독점하고 싶은 욕망이 꿈틀대면서 태어난 고통스러운 감정과, 피해망상이나 동성의 개인에게서 느끼는 성적 매력 사이에는 어떤 연관성이 있을 수 있을까? 여기서 메커니즘은 문제가 되는 현상들을 결정짓는 것일 수밖에 없지만, 우리는 그런 현상의 메커니즘이 아니라 그런 현상 속에서 작동하는 메커니즘들의 중요성에 주목할 것이다.

신경증적인 성격의 질투는 그 자체로 무의식의 메커니즘이 되는 메커니즘들로써 명확해진다. 그래서 철학이 질투의 본질을 추구한다면, 정신분석은 그 '메커니즘'을 고려한다.

프로이트는 우리에게 질투 현상을 구조화하는 기술로 제3의 유형론typologie을 소개한다. 그는 유형별로 목록을 만들고 분류하는 설명 방식을 사용하면서, 논리적인 가치에 따라 그것을 세밀하게 구분했다.

그것은 '충위학stratigraphie'이라고 말하는 것이 보다 정확해서, 우리는 그것을 세 개의 '겹couches'이나 '단étapes'으로 검토하려고 한다. 독일어의 *Schichte*[층, 켜]는 연결된 평편한 면, 즉 '지층strate'을 하나의 무리가 완전히 덮고 있거나 덮여있는 것을 가리킨다. 그러나 *Stufe* [등급, 층계]는 발달기phase, 즉 '단段, stade'을 의미한다. 세 형태의 질투는 그것의 퇴적작용이 만든 세 개의 겹, 혹은 그것을 구성하는 세 개의 '단'을 의미하고, 1의 형태는 2와 3의 형태를 가능하게 하는 조건이 된다. 말하자면 3의 단계는 1의 단계 없이 존재할 수 없다. 이처럼 유형론은 발생적이면서 대단히 역동적이다.

프로이트는 '질투'를 세 개의 '겹'이나 '단'으로 구분함으로써 그것의 형태론적인 구조로 설명한다. 그 첫 번째 단에는 정상적이면서 경쟁적인 질투가, 두 번째 단에는 투사질투가, 그리고 마지막 세 번째 단에는 광기의 질투가 있다. 이것은 **통시적인 지질학**에서 따온 사유 방식으로, 세 종류의 '질투'와 그 논리를 설명하는 세 시기 moments이다.

1

정상적인 질투

"(질투는) 사랑하는 대상을 잃었다는 확신에서 비롯된 상실감과 애도, 상처 입은 나르시시즘 (…), 자기보다 더 많은 사랑을 받고 있는 라이벌을 향한 타오르는 적개심이거나 잃어버린 사랑의 책임을 자신에게 돌리는 자기비판의 작용들로 만들어진다."[1] 프로이트

프로이트의 질투에 대한 입장은 누구나 갖는 보편적이고 정상적인 정서라는 보고서에서 출발한다. 그것은 — 라캉이 '층 assise'과 '급級, degré'으로 번역하게 될 첫 번째 겹couche, Schichte이

나 단(étape, Stufe)이 관련 되었음은 차치하고라도 ─ 나중에 파생된 콤플렉스 현상 속에서 그 의미와 발달을 발견하게 될 질투에 관한 프로이트의 정의를 세우는 기회가 된다.

'정상적인 질투'에 대해 말한다고 해도, 우리는 그것을 평범하고 표준화된 어떤 것으로 축소시키지는 않을 것이다. 그것은 병적인 질투에서 정신의학적인 '관점'(위, p. 28)과 병리적으로 과장된 특징들을 걷어냄으로써, 그것의 형태를 확인하게 해준다. 또한 프로이트는 질투가 '법의학적인' 문제와 연결됨으로써 병적인 성격으로 축소되지 않도록 주의한다. 그래서 질투를 *Seelenleben*[정신생활]에서 가장 눈에 띄는 특징들 중 하나로 보려는 학자들의 담론과 일반 사람들이 겪은 경험 사이의 단절을 극복한다. 그러나 그 자체로써, 기원적인 '국면*phase*'과 '층'을 구성하는 질투의 심리적 역동성 속에서, 프로이트는 그것의 자리에 대한 새로운 문제를 제기하면서 질투의 구성요소들을 분석한다. 이제 질투라고 하는 응회암에서 뽑아낸 최초의 정의에 관한 논증들을 잠시 살펴보자.

질투는 정서일까? 고뇌일까?

첫 번째 층의 질투는 '정서적인 흥분상태*Affektzustand*'와 깊은 관련이 있다. 이때 질투는 정상적인 정서로, 그것이 갑자기 정신병리적인 것이 되는 것은 아니다. 정서로서의 질투는 맹목적이지만 표상적인 요소와 관련된 충동을 해소한다.[2] 그래서 질투는 의식적이면서도 무의식적인 감정*Gefühl*이다. 주체는 직접적일 수 없는 (존재의 바탕에 있는) 자신의 질투를 **경험한**다. 그러나 그는 그 정서를 덮고 있는 무의식적인 사건이 무엇을 하는지 모른다.

프로이트는 수차례에 걸쳐 질투정서가 억압될 때, 그것이 없는 것처럼 보인다고 강조한다. 질투에서 자유로운 사람은 거의 없지만, 마음만 먹으면 쫓아내는 것도 언제든 가능하다. 의식의 정서가 아닌 질투는 어떻게 드러나게 될까?

사람들이 커다란 두려움과 공포의 느낌을 불안이라고 말하는 것처럼, 질투하는 사람의 '고뇌들'을 질투라고 한다. 그러니까 억압된 상태의 질투, 다시 말해서 의식에서 느끼지 못하는 질투는 자신도 모르는 요소들의 작동에 의해 움직이는 맹목적인 정서일 수 있다. 그리고 그런 질투야말로 냉혹하고 미친 행동의 빗장을 여는 가장 해로운 질투일 수 있다.

애도와 질투

성격상 질투와 **애도 상태**(잠재성 우울)가 가깝다고 하는데, 그런 관계가 상식적으로 쉽게 이해되지는 않는다. 우리는 프로이트가 두려움이라든지 권력, 영향력, 혹은 소유욕과 같은 질투 안에 있는 아주 분명한 특징들에 관한 언급이 없었다는 점에 주목해야 한다. 현실 속 질투는 소유욕으로 해석된다. 그러나 그것은 일단 가상이든 실재든 리비도가 흘러가서 닿는 타자, 곧 리비도의 목적지 **상실**에 따른 반응이다. 모든 것의 출발은 사랑하는 대상, 혹은 그 때문에 (그를 위해) '죽을 수도 있는' 타인의 사랑을 **상실했다는 확신**[3]을 이끄는 공포에 사로잡힌 이성이다. 질투하는 사람이 말하는 "어떤 사람이 나의 대상을 빼앗아 갔기 때문에 그 존재는 더 이상 내 것이 아니다"라는 것에서 우리는 애도와 질투가 같은 상태임을 깨닫는다.

질투하는 사람에게는 우울감 뿐만 아니라, 우리가 나중에 살펴보게 될 편집증적인 경향도 있다. 그렇다면 우리는 질투의 공포가 감정적인 손해, 혹은 고통스러운 상실의 경험으로부터 자신을 방어하기 위한 것이라는 생각을 할 수 있다. 대상관계로서의 질투는 그의 소유물일 수 있는, 그에게 약속되었지만 배신으로 인해 빼앗긴 어떤 것이라고 생각하는 애도와 관련되어 있다. 애도와 질투는 상실에 대한 정상적인 반응이면서 어느 정도 충동적인 반응들이다. 그러나 정확히 말해서 애도는 상실에서, 질투는 **상실의 예측**에서 비롯된다. 슬픔이 영원히 상실한 대상 때문이라면, 질투는 막연하게 예견되고 끊임없이 새로 시작되는 애도의 위협 — 질투가 만들어 낸 — 때문이다. 실제로 그는 **자신이 만들어 낸 상실**, 그러니까 어쩌면 있을지도 모르는 가능성에서 비롯된 두려움appréhension 때문에 어쩔 수 없이 '자살의 우려가 있는 사람'이 된다. 그러므로 공포의 형태와 애도의 전망에서 자연스럽게 생각이 수정된다. 주체는 반복적으로 질투가 일 때마다 자신의 대상을 잃는 생생한 경험을 한다. 때문에 그가 분명하게 느끼는 경쟁심은 반복되는 애도보다 견딜만할지도 모른다.

애도는 죽음만이 아니라 배신 때문에도 일어난다[4]는 점은 중요하다. 질투하는 사람의 예견된 상실에 대한 애도 반응은 상상에 비례해서 그 생생한 정도가 달라진다. 그렇게 애도는 질투하는 사람의 (그의 다른 욕망들과 마찬가지로) 현실이 된다! 거기서 질투상태는 격렬한 호소망상^{quérulence} [자신이 부당한 취급을 당했다고 억측하면서, 자신의 권리를 반복적으로 주장하는 성향]으로 일그러진 우울증을 핵심으로 한다. 실제로 질투의 중심에 불만이 있고, 주체는 동일시하는 타자의 이익을 위해 자신은 억눌리고 버려졌으며 무시당하고 있다고 탄식한다 (이것이 '누군지 모르는 대상을 향한 불만'이다).

질투, 상처입은 나르시시즘

두 번째 층의 질투는 이차 나르시시즘의 효과로 자아의 나르시시즘이나 사랑에 관련된 모든 수준을 포함한다. 질투 속에서 자아는 무능감과 과소평가, 모욕감 등을 경험하면서 자기 자신에게 상처를 입힌다. 그러나 프로이트는 '나르시시즘이 입은 상처'와 대상상실의 결과를 구분하는 데 공을 들인다. 그리고 여기서 주안점은 대상상실로부터 자아가 갖게 된 결과이다. 오비디우스가 우리에게 소개한 나르시스[5] 자체는 누구와도 사랑에 빠지지 않았기 때문에 아무도 질투하지 않는다. 나르시스의 질투는 그저 자기 자신의 이미지에 대한 '열정'일 뿐이다. 그러니까 그에게 있어서 자기 자신은 곧 타자면서 집착의 대상이다! 그런 그가 사랑을 하게 되면서부터 자신을 다치게 하는 배신을 겪는다. 질투는 사랑하거나 리비도를 투입하는 데 따른 위험에 관련된 나르시시즘이다.

질투는 자기 비탄이고, 질투하는 사람은 자신이 피해자라고 주장한다.[6] 그리고 그런 자기감정을 정당화하기 위해 **대상의 변절보다 앞서 존재하는** 상실감의 상처에 어울리는 현실을 만들기 위해 끝없는 궤변을 늘어놓는다. 라캉은 용감한 사람은 변절을 응징하지만, 질투하는 사람은 자신의 불행을 곪아 터진 상처처럼 떠벌릴 뿐이라고 한다. 그렇게 그의 나르시시즘은 상처받는다.

공격성과 질투

질투의 가장 두드러진 특징은 질투하는 사람의 타자에 대한 원한에 있다. 왜냐하면 그는 타자가 자신의 대상을 가로채서 자신에게 상처를 입혔다고 추정하기 때문이다. 그래서 질투 감정의 중심에 원한과 미움이 뒤섞인 분노가 있다.

질투는 사랑하는 대상 자체를 미워하게 만든다. 그래서 질투에는 대상을 향한 이중성의 뿌리 깊은 감정이 있다. 즉 대상을 사랑하는 만큼 질투하는 사람은 싫어하는 감정, 혹은 사랑하기 때문에 미워하는 감정을 갖고 있고, 또 그것을 드러낸다. 이렇게 질투의 중심에 미움이 있다. 그러나 사랑은 대상의 욕동에 속하고, 미움은 '자아의 욕동'에 속한다[7]는 것을 잊지 말자. (라캉이 말한) '질투의 미움haine jalouse'은 자신을 해치는 것에 맞선 자아의 정당방위를 강조한다. 그래서 질투하는 사람은 자신의 방어를 위해 '변호하는' 성격이 된다.

질투에 있는 사나운 경향은 공격성의 배아가 되고, 치정에 의한 범죄의 원천이 된다(아래, p. 214-215). 박탈에 대한 분노가

'범죄를 저지르게 만든다.'

죄의식과 질투

죄의식은 가장 은폐된 것으로, 꼭 기억해야만 하는 질투의 특징이다. 아무리 자신이 부당한 배신을 겪었다고 해도, 질투에 사로잡힌 주체의 마음 속 깊은 곳에서는 그런 불운이 아무 이유 없이 자신에게 닥친 것은 아니라는, 자기 자신에 대한 의심이 생겨난다. 그는 맹렬하게 타자를 비난하는 한편, 자기도 자신에게 그런 일이 일어난 것에 대한 '책임'이 있다고 생각한다.

말하자면 질투는 애도 상태와 유사한 자책과 자기비난을 바탕으로 한다.[8] "실은 너도 그것을 원했잖아!" 혹은 "적어도 그렇게 되지 않도록 최선을 다했다고 할 수 없으니까!" 자책하는 사람들의 생각이다.

죄의식은 당사자가 인식하지 못하기 때문에 더욱 고통스러운 감정이 된다. 질투하는 주체는 타자의 잘못을 추정하는 데에는 아주 예민하지만, 자신이 관계되었음을 인정하는 데에는 아주 둔하다. 인식하지 못하는 만큼 고통스러운 그의 죄의식은 의식의 무대 밖으로 밀려난다. 우리는 **인식되지 못한 죄책감**에서 [타자에 대한] 비난을 선동한다고 추측할 수 있다. (그의) 무의식적인 죄의식은 의식에서 (타자를) 죄인으로 만들면서 자란다.

프로이트의 지적을 보충하자면, 질투하는 사람은 부정을 저지른 타자를 고문하면서 자신을 괴롭힌다. 몹시 초조해진 그는 자신과 타자에게 집착한다. 그런 점에서 질투는 사도-마조히즘의 유대를 강화한다. 커플의 유대가 마조히즘의 방식으로 이루어질 때 질투 효과는 극대화된다. 초자아가 적극적으로 연루된 '도덕적 마조히즘'의 차원에 있는 사람들은 질투의 만족감 속에서 Lust am Schemerz[고통 곁의 만족] 고통에 사로잡힌 쾌락을 느낀다.[9] 질투의 바탕에는 '자기비판'을 통해 초래된 욕동의 집, 즉 그거(ça)를 감시하면서 자아를 지배하는 죄의식의 기술을 가진 초자아가 있다. 그리하여 질투를 명령하는 초자아의 성격은 엄격하고 철저하다.

'과잉정서'와 질투
질투의 메타심리학(1)

질투하는 사람은 슬퍼하면서 실망하고, 심술부리면서 의기소침하다. 이런 특징들은 (애도의) 대상과 타자(에 대한 적대감), (자존심 상한) 자아, (죄의식을 느끼는) 주체와 관련된 것으로, 거기서 우리는 그 경험의 복잡다단한 성격을 감지한다. 그러나 그것은 정확하게 대비된 힘을 가지고 눈에 띄는 하나의 상태에서 전반적인 행위로 보완된다.

사실 질투는 아주 복합적인 심리상태이다. 왜냐하면 질투하는 사람이 위의 모든 상황을 한꺼번에 겪고 있기 때문이다. 그에게는 대상의 상실로 인한 아픈 마음도 있지만, 자아의 깊숙한 곳에서 치밀어 오르는 대상과 약탈자를 향한 미움도 있다. 그렇게 겉으로 드러나지 않아서 쓰리고 아픈 죄의식이 고통과 공격성을 크게 키운다. 죄의식은 타자를 향한 공격성과 나르시시즘의 상처라는 일종의 '복합감염'으로 개입한다. 우리는 비극에서 보드빌 [춤과 노래 따위를 곁들인 가볍고 풍자적인 통속 희극(표준국어대사전)]까지 다원적으로 결정結晶된 극적인 감정의 잠재성을 알고 있다(아래, p. 177-195).

다음은 우리가 기억해야할 기본적인 질투의 혼합물이다.

- 사랑하는 대상의 상실을 확신할 때 생기는 고통과 애도 verlorengeglaubt[잃어버렸다는 추정]
- (타자에 의해) 타자로부터 분리되도록 방치하면서 생긴 나르시시즘의 상처 narzistische Kränkung [모욕당한 나르시시즘]
- 자기보다 더 많은 사랑을 받는 라이벌에 대한 적개심 bevorzugte Rival[유리한 입지에 있는 라이벌]
- 자신을 상실한 사랑의 책임자가 되게 만드는 완고한 자아의 자기비판 Selbstkritik[자아비판]

어른의 질투는 유년의 질투에서 유래한다

우리는 질투가 그럴만한 상황에 직접 밀착되면 일어난다는 생각을 가지고 있다. 그러나 전형적인 질투는 의식의 차원에서 벌어지는 직접적인 '상황들'에서 '합리적인' 방식을 유도해

내지 못할 때 생긴다는 대단히 중요한 특징이 있다. 모든 질투는 아주 어린 유년시절의 근원적인 질투jalousie primitif 경험에서 유래하기 때문에, "거의 모든 연인에 대한 질투는 유년시절에 뿌리를 두고 있거나, 적어도 거기로부터 강화되었다.[10] 다시 말해서, 질투하는 사람은 마치 어린아이가 질투하는 것처럼 질투한다.

소위 정상적인 질투는 [모든 사람이] 오이디푸스를 '겪었다'는 존재 유일의 보편적 사실에서 유래한다. 격앙된 질투는 역학적으로 충분히 오이디푸스에 고착되었음을 보여준다. 그러나 질투대상을 설정할 수 없는 주체에게서는 불충분한 오이디푸스를 의심해볼 수 있다(아래, p. 170-171, p.188-192).

라캉의 오이디푸스의 '꼭두각시'는 재능이 많은 극작가에 의해서 비극과 희극의 양면성을 지닌 (그야말로 보드빌스러운) 약탈극으로 표현된다. 정착된 질투감정은 그 바탕에 유년시절의 삶이 있다. 프로이트는 《세 편의 에세이》에서 "아이는 사랑하는 사람들이 할 수 있는 대부분의 행위들이 — 부드러움과 호의, 그리고 질투와 같은 — 가능하다"[11]고 단정했다. 그리고 그 점에 대해서는 우리도 같은 입장이다. 질투는 아주 어린 나이에 만들어져서 경험하는 여러 기초 정서들 중 하나이다. 그 거친 기운에서 우리는 질투가 아주 오래 된 아득히 먼 옛날로부터 온 것임을 확인한다. [개인의] 선사시대 정서에서 유래된 질투가 어른의 정신심리 생활을 몰아낼 때, 그것은 '원조 경쟁자'인 부모에게 보내는 것과 같은 폭력성을 갖는다. 그래서 우리는 어린 시절에 겪었던 진짜 질투의 아픔들을 알 수 있다. 어린이의 질투는 우리가 알고 있는 질투와 똑같지는 않지만, 나중에 그럴만한 상황이 되면 쉽게 그렇게 될 수 있다. 질투하고 있는 어른에게서 튀어나온 것이 길들여지지 않은 아이라니, 우리 '어른'은 얼마나 불안정한 존재들인지 …

양성애와 질투

이런 서사로부터 프로이트는 여성과 남성, 혹은 양성애자의 문제에서 질투 열정의 발판을 지적한다. 동시에 1912년부터 그는 "정상적인 질투의 기원에 동성애가 결정적인 역할을 하고 있다"는 주장을 하게 된다.[12] 그러나 동성애의 환상을 판단하기 전에, 이성異性의 존재를 대상으로 하는 욕망의 움직임이 당사자의 성적 이중성을 연출하고 있음을 이해해야만 한다. 다시 말해서 **이성애와 동성애를 넘나드는 (환상화된) 양성애**의 실행이 없다면, 욕망은 불가능하다. 프로이트는 이중적인 성관계가 초래한 사랑의 사각관계 구조를 '네 사람의 관계 과정'을 설정하는 '각자의 성행위'라고 한다.[13] 이것이 질투가 삼각관계 속의 커플에게 영향을 주는 이유이다. 사랑하는 사람들에게 단둘만의 시간은 아주 짧다. 수시로 불청객인 큰타자의 욕망과 질투가 찾아오기 때문이다.

이것은 프로이트가 '정신분석은 정상적인 질투에 대해 언급할 것이 없다'는 주장을 하는 것일까? 그렇지 않다. 우리는 정상적인 질투 스펙트럼의 진짜 초상을 연구하면서, 그것의 병적인 역동성을 표지하는 구성요소들을 만나기 때문이다. 그러니까 정상적인 질투는 모든 상태의 질투 현상에 들어있는 것의 본질을 분석하기 위한 전제 조건이 된다.

2

투사와 질투

질투는 그것의 최초 결과로부터 진짜 증상이 된다. 질투하는 사람의 무의식적 욕망은 타자에게 배신 혐의를 씌움으로써 타자의 것이 된다. 그래서 우리에게는 질투하는 사람이 자신의 무의식적 욕망을 타자에게 투사했다는 추정이 가능해진다. 이것이 '비정상적으로 강화된' 최초의 질투 형태라고 할 수 있다.[1]

"내가 아니라 네가 그런 거야!"
투사질투의 논리

프로이트는 신실한 사랑이 주체를 긴장시키는 불가피한 요인이 된다고 한다. 그것은 근본적으로 절개가 부족한 사랑의 변하기 쉬운 특성 때문이 아닐까? 주체는 억압을 통해 '지속적인' 배신 충동Antriebe[충동, 성벽]의 '경향'(욕동 흐름의 항상성)을 몰아낼 수는 있었지만, 그것을 완전히 몰아내지는 못했음을 어렴풋이 감지하고 있다. 그리고 그것은 그대로 긴장이 되고, 그것의 완화를 위해 투사기제가 필요했다. 그래서 "자신에게는 그런 유혹의 성향이 없다고 장담하는 사람들일수록, 그것을 잠재우기 위한 무의식적 메커니즘을 진지하게 염두에 두고 있다."2 프로이트의 말이다.

질투에는 다른 사람을 탓하는 책임 전가가 있다. 그것은 자신의 환상에서 이루어진 '가벼운 잘못'을 타자에게 전가시켜서 타자가 저지른 '중대한 범죄'로 만든다. 우리는 이런 배관장치가 질투하는 사람들의 만족과 평정심에 효과적으로 작용하고 있음을 그것의 여러 양상들을 통해 증명할 수 있다. 프로이트는 질투를 '의식에서의 무죄판결*freispruch*[면소]'이라고 한다. 라캉은 이것을 '죄의 용서'라는 말에 담긴 종교적인 사변과 완전히 무관할 수는 없지만 '의식에서의 사면'3이라는 법률적인 표현으로 번역한다. 다시 말해서 투사로서의 질투는 우리에게 **초자아의 중재**를 믿게 한다. 그래서 주체가 타자를 의심하고 비난하는 한, 그 자신은 유혹의 배신혐의에서 벗어난다. 마치 모든 것은 끼어들어온 사람 때문처럼 된다.

그런 투사 개념은 "내가 아니라 네가 그런 거야 (…) "라는 어린아이 같은 유치한 사유방식에서 비롯된다. 거기에는 단순 논리와 뒤집힐 가능성이 전혀없는 단정적인 진술만이 있을 뿐이다. 그것이 투사의 핵심 논리이다. 그 논리는 혼외관계처럼 신의의 배반으로 복잡해진 상황을 간단하게 처리하려는 남성들이 유독 선호하는 메커니즘이기도 하다. 거기에는 상황을 진정시키고 자신의 돌출 행동의 부담을 미리 청산하는 편리함이 있기 때문이다. 그는 죄 없는 타자에게 죄를 묻는 질투로써 자신의 마음의 동요와 불안의 수위를 조절한다. 그리고 자신에게는 무죄를 선고한다. 이렇게 투사는 상황을 외면하는 간편한 메커니즘을 통해 질투의 기초요소, 죄의식에서 주체를 해방시켜주는 능력이 있다(위, p .50-52).

투사, 질투 메커니즘의 핵심
질투의 메타심리학(2)

우리는 질투에 관한 이 글에서 투사가 논쟁의 중심이 될 수밖에 없는 이유를 알고 있다. 그것은 질투의 '경쟁적인' 형태에서 뿐만이 아니고 본질 자체에서도 극도로 투사적인 질투를 발견하기 때문이다. 더욱이 우리는 두 개의 다른 결정인자 — 하나는 투사를 본질적인 인자로 하는 편집증이고, 다른 하나는 역류된 형태의 편집증과 질투의 운명에 포함된 동성애 — 속에서도 투사를 만날 수 있기 때문이다. 여기서 단어 '역류 inversion'는 새로운 의미를 갖는다(아래, p. 114–120). 투사 개념은 임상의 조작자로서 탁월한 기능을 지녔으며, 그것의 영향력은 다양한 모습으로 편재성을 드러낸다고 하겠다.

실제로 프로이트에게 투사는 기본적인 메커니즘이기는 해도 완성되지 못한 설계도이다. 따라서 주요한 방어 메커니즘(안나 프로이트가 이끌어 낼)4은 아니다. 그는 슈레버 사례에서 투사를 이렇게 정의하고 있다. 즉 "억압된 내부 지각이 그에 대한 대리물*Ersatz*로 인해 그 내용에 어떤 변형*Entstellung*[왜곡이 일어나고, 이후 그것이 외부에서 들어온 지각으로 의식되는" 과정이다'.5 그것은 어떻게 보면 대상관계 핵심의 이해하기 어려운 문제이다. 프로이트의 투사이론이 나오게 된 결정적인 계기는 그가 질투를 중요한 방어메커니즘으로 삼고 있는 편집증 문제와 맞물려 있는 질투 문제를 마주하면서이다. 질투하는 사람은 자신의 부정不貞한 행동에 대한 내심리적 endopsychique 지각, 곧 (유사pseudo) 지각을 통해 그러한 신의 없는 흔적들을 **억압하고 변형해서** 표현한다. 따라서 그는 아내의 질투 덕분에 '놀랍도록' 커진 자신의 질투, 곧 '자신의 무의식적인 것을 유지할 수 있도록' 하는 '대시증大視症, macropsie'에 도달한다.

[질투하는 사람은] 자신의 의도를 타자의 것으로 간주하기 위해 그에게 동일시되기를 받아들인다. 이제 우리에게 필요한 것은 안에서 밖으로 내보낸 투사와 밖에서 안으로 들여온 동일시의 이중적인 움직임을 살펴보는 일이다. 한편 프로이트는 투사적인 질투를 하는 사람이 "타자 쪽의 반사적이고 꾸밈없는 자연스러운 움직임들을 왜곡하는 지각자료로 이용한다"6 는 점에 주목한다. 이는 서로 질투하는 장면에서 볼 수 있는 연극적 성격을 이해하도록 도와주는 커플들의 '무의식적인 소

통'(텔레파시와 같은) 차원을 제공한다. 이제 우리는 '투사적 동일시'가 무엇이지 알 수 있을 것 같다. 프로이트에게는 낯선 용어였던 그 개념을 멜라니 클라인은 페어베른Fairbairn의 도움을 받아 초기 대상관계까지 거슬러 올라가서 완성시킨다.7

그렇게 질투의 메타심리학적 초상이 완성된다(위, p. 51). 투사는 여러 관련 요소들(나르시시즘, 공격성, 죄의식)이 한꺼번에 행동으로 옮겨질 수 있게 하는 매개체의 역할을 한다. 주요 논문들은 투사논리를 욕동 과정 속 질투 메커니즘과 동성애, 그리고 편집증 메커니즘의 공통분모, 혹은 삼위일체라고 한다. "실수 행위acte manqué는 상위의 심리 심급에 의해 인정받지 못했던 힘, 엄연히 존재하고 있지만 도덕교육이 누르고 있는 에고이스트의 충동과 감정들을 표현하기 위해 건강한 주체가 자주 사용하는 수단"8이다. 프로이트에 따르면, 형이상학의 본질들은 내적 방식으로 인식되는 욕동의 움직임을 수단으로 해서 구성된다.9 또한 우리는 메타심리학의 기능 속에서 활약하는 투사에 대해 알고 있다. 왜곡된 표현의 투사적 극작법은 질투 움직임들에 있는 고백하기 어려운 차원을 확인시켜준다.

소중한 것을 빼앗긴다는 두려움
질투의 시기심이 투사하는 것

질투의 투사적 반동을 깊이 있게 밝혀놓은 *Unheimliche*[스산함, 불안, 섬뜩함]에 관한 논문에서 프로이트는 '왜곡된 시선*böser Blick*[못된 시선]'에 대한 믿음과 시기심*Neid*[질투, 부러움, 시기심] 고유의 투사적 효과에 관해 기록해놓았다. 거기서 그는 사람들이 질투를 두려워하는 이유에 대해, 투사 논리의 작동으로 타자가 보낸 단 한 번의 불길한 시선에서도 자신의 가장 소중한 대상들이 해를 입을 수 있다고 단정하기 때문이라고 한다. 말하자면, "손상되기 쉬운 소중한 무언가를 가지고 있는 사람은, 그 반대의 경우 자신이 갖게 될 부러움을 투사하면서 타자의 질투를 두려워한다"는 것이다.[10] 즉 그의 두려움은 누군가가 내가 가지고 있는 것만큼 소중한 것을 갖고 있다면, 나는 그것을 시기할 것이므로, 그도 나처럼 분명 나의 행복을 불행으로 바꿀 만큼 나를 시샘할 것이라는 데 있다. 이러한 가정이 의혹이 되고, 확신으로 이어지면서 투사[된 질투] 논리가 나온다. 투사는 타자가 자신의 **가장 소중한 것을** 빼앗는다는 두려움 속에서 구체화된다.

귀한 대상을 소유한 주체는 타자의 위험하고 해로운 시선을 자신의 주이상스에 통합시키고 있다고 할 수 있다. 마치 그가 타자로서 받았던 시기를, 이제는 **자신이 타자가 되어서 자신의 대상에게 한다**는 이야기다. 이런 '왜곡된 시선'에 대한 서사는 우리가 우리에게 가장 친밀한 대상들을 외부자의 시선으로 본다는 점을 알게 해 준다. 그리고 이런 지적은 시기심에서 질투하는 사람에게도 해당된다. 자신의 소유물이 만족스러워지는 순간부터 주체는 그것을 아르고스처럼[백 개의 눈을 가진 그리스 신화의 인물로 정보원의 의미를 가짐] 모르는 사람이면서 동시에 잘 알고 있는 사람의 시기어린 시선에 통합시킨다. 그리하여 그는 그것을 탐낸다고 추정된 타자의 시선이 되어 자신의 대상을 바라본다. 질투하는 사람은 모든 사람이 자신의 대상을 원한다고, 언제 어디서든지 그 누구라도 자신의 대상을 탐낸다고 상상한다. 그리고 이런 구조 때문에 그와 그의 대상은 쉽게 상처받고 고통을 겪는다.

투사에서 망상까지

상대적으로 덜 위험한 투사 형태로 망상질투 délire de jalousie와 구분되는 질투 고유의 **망상경향**을 예측할 수 있다. 그래서 프로이트는 "투사에서 태어난 질투가 망상의 성격을 갖는 것은 거의 확실하다"[11]고 말한다. 투사 자체는 [주체의] 안과 밖 사이에서 작동하는 과정이며, 망상의 한 지류이다. 질투하는 사람은 타자의 배신을 추정해서 말하지만, 실은 자기도 모르게 자신의 배신을 말하고 있다. 따라서 그는 타자에게 전가시킨 불륜의 욕망을 통해 어떤 **흥분**과 함께 혼란스럽지만 절박한 자기 정서에 대한 부정과 무지를 끊임없이 반복한다. 적절히 나타난 '교묘한' 혼란이 자신의 어리석은 행동을 정당화시켜 주기 때문에, 그 과정의 끝에는 충분히 눈길을 끄는 '감정의 혼란'이 있다. 모든 질투에는 진짜 정신증과는 다른 '광적인' 성격이 있다. 그것은 평범한 질투조차도 잘 구조화된 약한 정도의 망상이기 때문이다. '소소한' 질투에서 '심각한' 질투까지, 질투증상의 '형식적인 외양 enveloppe formelle'은 그 구조를 통과한다(아래, p. 141 sq.). 다만 그것을 판독함에 있어서 구조적 차이의 영향까지 다시 고려하는 것은 필수적이다. 모든 질투가 정신증이 되는 것은 아니다. 그러나 질투하는 사람은 그 광기로 인해 꼭 '미친 사람'처럼 보인다.

이러한 투사적인 질투 형식은 이성애자의 바람피울 경향을 문제 삼은 환상의 경계에서 그의 행보를 유지한다. 투사를 많이 할수록 '풍부해진 상상력에서 나온 자신이 저질렀다고 하는 배신을 배우자에게 전가'하는데, 그것은 나중에 라캉이 해설한 '현실 속에 재현된 환상'[12]을 전제로 하고 있다. 이것은 '실재계 속 해석망상의interprétatif 직관들'이나 정신증과는 전혀 다르다. 라캉은 망상적인 질투를 설명하기 위해 투사처럼 정상적인 메커니즘을 양도해서 '의심'을 부추긴다. 그는 '실재의 모든 준거들과 망상증은 상관없다'고 강조한다. '질투에 사로잡힌 사람이 자기 부인이 다른 사람과 함께 들어가 있는 방문 앞까지 추적한 이야기'처럼, 눈에 보이는 현실이 어떠하든지 그것을 아주 당연하게 확신하지 않는 것, 그것이 재미있게 웃을 수 있는 정상 범위의 질투'[13]라고 말한다. 바로 그 지점에서 결정적으로 정상적인 질투와 병적인 질투가 나뉜다. 그래도 투사적인 질투는 그것이 지닌 투사의 힘을 밝힘으로써 망상의 형식을 이해할 수 있게 해 주었다. 망상의 세계와 현실 세계 사이의 격차가 커질수록 — 환상화된 성적 도치로 예시된 — 질투 논리는 과격해진다.

3

망상과 질투

"망상에서 나온 질투는 발효된 동성애를 표시하고, 고전적인 형태의 편집증 사이에서도 자신만의 특징을 분명히 내보이고 있다."[1] 프로이트

프로이트는 슈레버 사례에 관한 보고서를 통해 망상 차원의 질투를 소개한다.

그러나 프로이트의 질투에 관한 초판 원고의 뿌리는 어니스

트 존스의 미국인 환자 이야기를 들으면서 떠오른 편집증적인 질투 메커니즘에 대한 갑작스러운 통찰에 있다고 할 수 있다.2 그가 에티농에게 쓴 편지에 "그 순간 나는 편집증적 질투에서 진짜 정신증psychotique 사례의 메커니즘을 깊이 있게 볼 수 있을지도 모른다는 생각이 들었습니다"3 라는 말이 나온다. 그 말 때문에 사람들은 프로이트의 질투에 관한 초판 원고가 어니스트 존스로부터 들었던 어떤 미국인 환자의 사례에서 받은 인상을 출발점으로 한다고 보고 있다.

프로이트는 에티농의 다른 논문들에 대해서는 대체로 비판적이었지만, 질투를 '바람난 여인'과 비밀스럽게 사랑하는 남자 사이의 '치환permutation' 놀이로 재구성한 논문에 대해서만큼은 예외적으로 '훌륭하다'는 평가를 내리고 있다.4 물론 그것은 아주 일반적인 메커니즘에 관한 견해들을 보여주는 사례를 해결한 것으로, 그 본문은 임상사례로 채워져 있다. 질투는 망상 초기의 기초 정서이지만, 나중에는 그 관문이 된다.

질투, '발효'된 동성애

먼저 '발효'의 의미부터 알아보자. 발효란 내부 조직의 변형을 통해 어떤 물질이 다른 물질로 변형되는 것을 가리킨다. 기술적인 의미에서 그것은 다양한 미생물이 만들어낸 특별한 효소들의 작용으로 어떤 유기화합물이 따르고 있는 이화異化과정이다. 무의식의 척도로 관찰된 질투는 동성애가 발효되어 나온 심리이고, 동성애의 발효정도와 거기서 분리된 정도에 따라 질투는 다양한 형태로 나타난다.

따라서 질투가 발효된 동성애의 산물이라고 말하는 것은 그것 내부의 화학적 변화를 상정한다는 뜻이다. 동성애는 질투에 대해 주요한 '조정기능'을 가진다. 즉 동성애는 발효를 통해 질투를 억압하거나 부정하기보다는, 오히려 질투가 동성애의 분해물이라는 점을 알려준다. 따라서 망상질투 속 동성애의 발효작용을 정확하게 이해할 필요가 있다. 여기서 발효는 잠재되어 있는 '동요', 혹은 은밀하게 커지는 정서적 불안을 비유해서 표현한 말이다. 그런 질투의 변형에 관계된 작용에는 신진대사 혹은 '이화작용'이 있다. 다시 말해서 주체의 질투에는 부정되거나 억압된 동성애의 분해물들이 들어와 있으며, 주체가 이성애적인 태도를 보일수록 동성애의 움직임은 보이지 않게 폭력적인 질투를 키운다. 그러므로 악의적인 질투는 그만큼 많이 숨겨진 동성애의 활약을 전제해야 한다는 이상한 구조가 나온다. 거기에는 쉽게 이해하기 어려운 '역류' 사상이 있어서, 질투는 주체와 비밀 대상과의 관계지표가 된다.

동성애와 관련된 망상질투는 질병으로 진단되고, 이 형태에서 질투는 편집증의 일종이 된다. 그러므로 우리는 그 바탕에 가학성 질투가 있다고 생각해야만 한다. 만약 그러한 환상의 대상들이 주체와 동일한 성이 된다면, 질투는 "내가 그를 사랑하는 것이 아니라, 그녀가 그를 사랑한다!"라는 추론의 '망상'이 된다. 프로이트가 《자서전적인 방식으로 서술된 편집증 사례에 관한 정신분석적 고찰》의 솔직한 비유를 인용하지 않더라도, 편집증의 문제는 이제 투사 메커니즘의 구도에 자리하고 있다. 이제 중요한 것은 더 이상 슈레버 박사의 사례에서처럼, 동성애의 기원을 입증하는 것이 아니라, 어떻게 그 과정이 이루어지는가를 증명하는 것이다. 그런데 엄밀히 그 '어떻게?'는 형태의 진단을 경유한 '왜?'로써 밝혀진다.

기만하는 타자
해석망상

편집증적인 망상과 유사한 것으로 이해되는 질투에 의한 망상의 특징은 기만하는 타자와 관계된 신호들 signes의 역할에 있다. 질투 때문이든 편집증 때문이든 우울함을 즐기는 유능한 관찰자인 망상증의 사람은 그를 속이고 괴롭히는 타자에게서 — 사랑하는 타자 vs 경쟁하는 타자 — 탐지해낸 '신호들'을 통해 그들의 비열한 불륜을 추정한다.

'해석망상 délire d'interprétation'(Sérieux et Capgras)이 매개되면서 '질투'와 '박해'는 정신의학의 주목을 받는다. 그러나 프로이트는 그 문제를 정신의학 이상으로 가져간다. 그는 질투와 박해가 해석의 광기를 해방시키게 된 것에 대해, 그것들이 한솥 안에서 익은, 즉 같은 **욕동**을 **효모**로 길러졌기 때문으로 본다.

질투하는 사람들은 광적인 '집중력'과 경이로운 악착스러움으로 자신이 옳음을 증명하고 강조한다. 그러나 프로이트는 바로 그것이 그들의 병리病理라는 해석을 내놓는다. 그들은 질

망상과 질투 75

투하지 않는 일반적으로 드러내려고 하지 않는 것을 감출 줄 모른다. 편집증적으로 질투하는 사람은 이성異姓에게서 욕망의 신호들을 감지하는 탁월하고도 완벽한 능력이 있기 때문에 그럴 수밖에 없다. 왜냐하면 동일시가 그들의 인식 형식이기 때문이다. 실제로 의심의 여지없이 사회적인 상황에서 여성들은 그러한 신호들을 만들고 또 보낸다. 그리고 그것은 유혹의 법칙이면서 인류학적이고 사회학적인 사실이다(아래, p. 198-199 참고).

한편 편집증처럼 대단하게 질투하는 남성에게도 이유는 있다. 그러나 근본적으로 인간혐오라는 의미에서, 그는 알세스트 몰리에르의 캐릭터처럼 예의상으로라도 아닌 '척'하면서 감추지 않는다. 뼈 속까지 여성을 대하는 태도가 무례한 그 남성은 여성이 사회화된 표현의 범주 내에서 은유적으로 자신의 욕망을 표현할 권리조차 인정하지 않는다. 그래서 그는 편지에서 찾아낸 단서를 단념하지 않고, 배신에의 욕망을 고백하도록 몰아친다. 이것이 그의 '진실'을 향한 병적 집착이다.

편집증적으로 질투하는 사람은 누가 뭐래도 자신의 정당성을 당당하게 논증할 수 있다. 그들은 인간의 모든 행동의 바탕에 성性이 있음을 전제한다. 그러나 질투하는 사람의 지나친 확신은 원칙적으로 '지어낸' 생각이고, 그래서 병이다. 이에 대한 프루스트의 지적은 적절하다: "꾸며낸 것으로 사소한 가정을 하는 데 시간을 허비하는 질투는 진실을 알아낼 수 있는 순간 앞에서 빈곤한 상상력으로 대처한다."5 거기서 프루스트는 사소한 가설에는 과도한 무게를 두고 명민한 통찰력을 발휘하지만, 막상 현실로 부딪힌 상실 앞에서 무기력해지는 질투하는 사람의 모순된 모습을 말하고 있다.

질투하는 사람은 '틀린 것의 추정'을 겹겹이 쌓아올리는 데에는 열심이지만, 실제로 당한 배신으로 [자신의 대상을] 단념해야하는 '상황' 앞에서 진실을 마주할 수 있는 눈은 없다. 현실에서 배신과도 같은 불쾌한 진실이 전개될 때 (특히 그 자신이 그것을 부추겼다면), 그는 탁월한 능력으로 그런 조짐들을 탐지해낸다. 그러나 막상 고통스러운 현실에 직면하는 그는 기절하기와 같은 외면의 방식 ― '쾌락의 원리'에 근거한 ― 으로 대처한다. 현실에서 패배한 그는 마조히스트처럼 병적 쾌락에 접근하기를 원한다. 그리고 [그를 고통스럽게 만드는] 현행범 타자를 붙잡기 위한 행동만 한다. 질투의 대상은 실험대상이다. 그래서 그 대상은 자신의 미친 가설을 적용해 볼 수 있을 만큼 가까이 있거나 충분히 '접근가능'해야 한다. 질투하는 남자가 정말로 원하는 것은 의심의 대상이 된 여성에게서 그녀 자신도 모르는 욕망이 있다는 자백을 받아내는 데 있다. 그래서 그는 그녀에게 잘못을 저지를 수 있다는 거짓의지를 주입시킨다. 그에게 중요한 것은 있는 현실을 있는 그대로 보는 것이 아니라 자신이 꾸며낸 **환상을 확인하는** 일이다. 망상을 대가로 지불하면서 …

이런 망상질투의 역설적인 작용은 그가 자신의 불꽃같은 사랑의 비밀스런 대상을 그 자신도 모르고 있음을 말해준다. 그가 여성을 '억압 아래' 두는 것은 무의식적인 동성애의 *Wunsch*[소망]에서 온 압박 때문일 수 있다. 따라서 그것은 사람에 대한 커다란 잘못이거나, 혹은 두 개 영역 — 낯선 감정과 '대상선택'의 기생행위 — 의 붕괴이다. 그것이 질투를 혼란스러운 감정과 나아가서 **정신착란 상태**가 되게 한다.

프로메테우스의 고통
질투의 형벌

'비탄의 감각'을 드러낸 강렬한 질투 발작으로 고통스러운 한 남성의 사례[6]는 진정한 **동일시**의 표현이 되는 부정한 여성과의 동화를 증명한다. 그녀가 '넘겨준다'고 추정된 순간은 그의 내면에 등록되고, 거기서 그는 프로메테우스의 간을 뜯기는 고통의 잔혹한 형벌을 치른다.

육체가 겪는 자기 고문의 배경에는 유년기의 강렬한 질투 때문에 치렀던 성적인 폭력에 대한 추모가 있음을 보여준다. 어떤 망상질투가 난폭하고 회복 불가능할 때, 우리는 그것이 너무 어린 나이에 경험한 대단히 거친 동성애적인 유혹들의 결과임을 기억해두자. 여기서 '역사적 진실의 핵심'[7]은 실재의 유혹으로 채워지고, 그것이 망상의 구조를 키운다.

불륜으로 라이벌이 된 타자를 향한 분노와 미움은 어릴 적 동성애 성향의 유혹하는 사람이 강요했던 수동성을 경유해서, 현실의 고통스러운 정서가 되어 수면 위로 떠오른다. 바로 이것이 망상의 구조에 대한 역사적 진실의 핵심이다. 연인이 가한 재난과도 같은 버림받은 느낌의 고통은 오래 전에 강요된 그런 관계에 대한 무의식의 '추모'에서 온다. 사랑을 저버린 연인에 의해 '농락당한se faire avoir'것이 운명으로 굳어지고, 연인 자체에 동일시되어 되돌아온다. 이런 경우, '질투'에 집착하는 활동은 어렸을 때부터의 **수동적일 수밖에 없었던** 것에 대한 **두려움**의 반동형성이기 때문에 더욱 떨쳐버리기가 어렵다. 그래서 환자는 '뱀의 소굴에 던져진' 것 같은, 혹은 애간장이 타들어가는 것 같은 느낌에 사로잡힌다.

성행위 이후의 질투
수동적인 동일시

다음은 신실하고 성실한 부인을 오랫동안 의심하면서 키워낸 질투 편집증의 고통에 사로잡힌 젊은 남성의 사례이다. 거기서 문제는 그 사람이 서로 만족스러운 성관계를 갖고 난 다음에 있었다. 그때부터 그는 몇 날 며칠을 밤낮없이 자기 부인에게 비난을 퍼붓고, 그의 부인은 속수무책으로 당하기만 한다. 프로이트는 이 과정의 논리를 대략 이렇게 보고 있다: 리비도가 이성애적으로 만족되고 나면, "공존하고 있던 동성애의 인자들이 질투발작으로 표출된다."8 이성애와 동성애의 인자들을 '추려'내는 성행위의 기능을 밝힐 필요가 있다. 이성애의 '배설' 때문에 질투발작은 악화되고, 그 발작은 화산폭발이나 지진처럼 되풀이된다는 특징을 가진다.

프로이트의 논문과 같은 해에 출간된 빅토르 마르게리트의 소설, 《남자 같은 여자아이La Garçonne》는 질투심으로 여러 파트너를 선택하는 복수를 했던 한 여성의 방탕한 삶을 주제로 한다. 거기서 저자는 육체적 탐닉 직후, 자신의 남성 연인에게 고통을 주는 폭발적인 질투발작을 묘사한다.9 그러나 그녀의 성행위는 두 개의 질투 장면 사이에 있는 단순한 막간극이 아니다. 그것은 질투를 강화해서 다시 질투하게 만드는 결과를 초래한다. 그런데 여성의 커트머리가 남성같다는 이유로 스캔들이 되었던 그런 시절에, 그 여성을 선택한 남성에게 벌어지는 이런 상황을 과연 우연이기만 할까? 아무튼 이 소설은 과도한 여성성과 모호한 성적 스타일이 결합된 한 여성의 특별한 대상선택과 성행위 이후의 질투발작을 내용으로 하고 있다. 거기서 우리는 다른 남성 집단을 질투하는 그 남성에게도 이성애적이고 동성애적인 인자들이 그러한 성행위에 뒤얽혀있음을 의심해야만 할 것이다. 그것이 베일을 벗은 대상선택의 동성애적 바탕이다.

엄마, 아내, 창녀

프로이트는 첫 번째 환자의 사례를 통해 어머니를 향해 가졌던 (오이디푸스의) '정상적인 질투'를 지지하는 근거를 제시한다: "모계와의 굳건한 연결 Mutterbindung [어머니에 대한 애착]은 그의 어린 시절 전체를 지배했다."[10] 거기서 프로이트는 추측한다: 그는 사랑하는 어머니의 수입을 보장하기 위해 돈 많은 여성과 결혼했고, 그렇게 '순결한 어머니' 환상을 깨뜨리지 않았다.[11] 그는 일상적으로 '외도'하면서도, 순결한 부인을 병적으로 심하게 질투했다. '잘못한 게 없는' 부인에 대한 질투는(밝혀진 허구에서 검증된 것, 아래, p. 181-182) 그의 어머니 상의 그림자 때문이다: 순결한 어머니 상은 아버지라는 난관 앞에서 가장 심각한 경쟁적인 질투 사례가 되는데 결정적인 역할을 했다.

프로이트는 질투하는 남자는 '훼손될 수도 범접할 수도 없는'12 기품 있는 여성의 대명사인 성모상과, 그와는 극단적으로 대비된 더럽혀진 여성인 매춘부 사이를 항해하고 있다고 한다. 매춘부에게 이끌리는 주체의 이면에서 어머니에 대한 고착이 발견되는 것은 우연이 아니다. 한편 질투가 심한 남자의 아내의 불행은 그녀의 행실과 상관없는 남편의 투사와 그녀가 지켜야만 하는 '순결'의 중간 지점에서 능숙하게 처신하지 못한 데 있다.

질투, 꿈과 각성 사이

이 경우 편집증은 자신의 꿈을 뚫고 들어가지 못한다는 점에 유의할 필요가 있다. 이는 프로이트가 《정신분석 개요》 8장에서 그 특징을 통해 다시 회상할 만큼 충분히 그를 놀라게 했다: "나는 매번 질투발작 Eifersuchtsanfall[심한 질투발작] 후 망상과는 전혀 상관없는 표상의 꿈을 분석가에게 이야기했던 만성적인 편집증자의 사례를 기억한다."13 그리고 아주 인상적인 평가를 한다: "보통 우리는 신경증의 꿈으로부터 깨어있을 때와는 아주 다른 질투를 추리해야 한다면, 정신증에서는 낮을 지배한 망상이 꿈에 의해 수정되었다." 그러므로 신경증자와 정신증자의 질투 형식은 상반된 것으로서, 다르게 판독할 필요가 있다(아래, p. 141 sq. 와 177 sq.). 이제 우리는 '심리적 균열'이 무엇인지 설명할 수 있다.

한편 위와는 대조적으로 아버지에게 유순하면서도 반항적인 이중적인 독특한 감정을 가진 젊은 아들 사례가 있다. 그는 한밤중에 아버지와 투우하는 꿈을 꾼다. 황소 형상은 아버지와의 대결을 표현하는 것으로, 그것으로 우리는 그의 아버지에 대한 박해망상을 짐작할 수 있다. 이것은 '최초의 대비 contraste du premier'라는 명칭으로 언급된 사례인데, 그 속에서 우리는 그와 아버지와의 결정적인 관계를 참고할 수 있다. 그 꿈의 주체인 아들은 아직까지는 편집증이 아니지만, '편집증 후보'의 기로에 서 있다.

여기서 나는 친구들 중 한 사람과 간헐적으로 동성애 관계를 맺다가 이성애 관계에 접근한 프로이트 저작 속의 젊은 의사 사례가 생각난다: 그는 여성에게 원하는 주이상스를 작동시킬 때마다 발작을 했다.[14] 거기서 우리는 디테일은 다르지만 같은 줄기의 **수동형의 동일시**identification passivante를 만난다. 그것은 주이상스와 거세 '감각'의 유착물로, 라이벌이 '누렸던'

아내를 향한 질투와 유혹하는 사람이 '누렸던' 것과 재동일시의 위험한 혼합물이다. 그것이 정신증의 모습 가운데 가장 무르익은 질투의 어두운 모습이다.

우리는 그의 아내가 질투를 유발시킨 지점이라고 하는, 즉 그녀가 다른 사람을 마음에 두고 있다는 사실 때문에 의심을 사고 있는 것이 아니라, 그가 아내를 대신하면서 시작되었다는 점에 주목할 필요가 있다. "그의 발병은 훗날 그가 처음으로 어떤 여인 — 그 여인은 병리해부학자였다 — 을 완벽하게 만족시키는 데 성공하고 난 다음이었다. 그것은 그 여인이 각별한 마음으로 그를 포옹할 때, 그가 머릿속에서 느낀 아픔, 외과용 메스로 '예리하게 베인 것' 같은 알 수 없는 고통, 수술한 것 같은 아픔에서 시작되었다."[15] 이 사례 속의 남성은 자신이 만들어낸 주이상스와 맞대면하는 순간이 견디기 힘들었다. 여자 '속^{dans}'에 있는 그 남자는 그녀의 주이상스에서 육체적인 편집증 상태를 연상했고, 날카로운 것이 머릿속을 후벼 파는 것 같은 치욕스러운 고통과 함께 수동적이 된 그의 몸에로 되돌아오기 때문이다. 그는 자신이 여성의 '내면에서' 끌어올린 주이상스를 동성애적인 주이상스의 범람으로 해석한다. 그리고 그는 "나를 유혹하기 위해 최악의 여성을 내게 보냈다" — 편집증이 아니고는 도저히 세울 수 없는 — 라는 망상적 가설을 세운다. 그런 남자가 여자에게 오르가슴을 느끼면 위험하다. 그렇게 되면, 그는 그와 같이 있는 연인을 자신의 모든 불행의 원천으로 보기 때문이다.

성폭력을 당한 아내를 보는 남편들의 외상적인 반응에는 아내의 고통스러운 주이상스와의 동일시가 있을 수 있다. 나르시시즘이 당한 굴욕은 그 때의 장면을 상상해낸다. 그리고 상상으로 굳어진 장면임에도 불구하고 마치 자신이 실제로 그러한 수치와 모욕을 당한 것처럼, 최악의 상태가 되어버린 욕망의 대상과 가해자를 향한 걷잡을 수 없는 미움, 트라우마에 동반된 우울의 본질이라고 할 수 있는 아무 것도 하지 못한 것과 지켜주지 못한 것에 대한 죄의식, 그리고 동성애적으로 퇴행한 대상과의 동일시들이 뒤죽박죽 아무렇게 뒤섞여 있음을 본다. 주목해야 하는 것은 실제로 그러한 폭력적인 사건에서의 반응이 망상적인 반응 논리에 따르고 있다는 점이다. 그는 너무 엄청난 실제 사건 앞에서 망상 — '환각화된' 외상적인 사실에 반응하는 — 을 소환한다.

신호들의 광기
'관계망상'과 '질투편집증'

이것은 눈에 의해 작동되는 질투 상황이다: 질투하는 사람은 제어되지 않는 손 떨림이나 웃는 얼굴로 접근하는 것과 같이 여성이 자신도 모르게 보여주는 신호들을 간파해낸다. 그런데 정신분석도 관찰 작업으로 사소한 사항에 들어있는 본질을 찾는 것으로 알려져 있다. 프로이트는 "사람들이 하는 모든 무의식적인 표현에 각별한 관심을 기울였고, 그것을 올바르게 해석했으며, 그리고 자신이 옳았다"고 기록한다.

그러나 '관계망상Beziehungswahn[피해망상]'16은 편집증과 질투를 포함하고 '질투편집증Eifersuchtsparanoïa'17이라는 표현을 정당화시킨다. '망상질투'의 문법에서 우리는 주체가 '부인否認'되고 있다는 점을 기억해 두어야만 한다. 압축이 이전의 모든 논리의 결과로 구성된 것이라면, 망상질투는 믿고 행동하는데 영향을 미치는 환상의 능력을 완벽하게 설명한다.18 그러니까 질투하는 남성이 여성의 무의식을 훤히 들여다보는 것 같아 보이는 것은, 그가 바로 그녀의 자리에 있기 때문이다.

제2부

질투의 주관적인 역동성
시기심, 우애, 오이디푸스

이번에는 질투의 형태학적인 이해에서 대충 드러났던 역동성에 접근해보기로 한다. 만약 질투가 성인의 심리적인 애정생활에 활기를 더해주는 원천이 된다면, 어린아이의 성장과정에서 이런 주관적인 문제의 발생을 찾아볼 필요가 있다. 왜냐하면 무의식 속에 있는 질투 이력의 복원을 통해 우리는 어떻게 질투하는 어른이 되는지 알 수 있기 때문이다.

타자에게서 가져 온 것인 거울에 비친 상과 닮은 타자와의 관계라고 할 수 있는 형제애, 그리고 상징적 타자와의 관계 설정에 관한 오이디푸스(닮은 타자와의 관계)의 3막극은 [개인마다] '선사시대'의 무의식적인 질투를 확인시켜주는 근본적인 '상황들', 즉 시기하는 사람과의 관계를 밝혀준다.

4
요람에서의 질투
거울의 경험

"자아는 질투극 속의 타자와 함께 구조화된다."[1]

질투가 시작되는 시점에 관한 위의 간결한 문구에서, 구조주의적인 입장의 라캉은 비춰주는 기능의 거울로부터 출발해서 상징으로 크게 변화되기까지의 문제를 제기한다. 그리고 프로이트의 질투가 메타심리학에 가져온 공헌을 자신의 방식으로 재구조화한다. 따라서 그것은 형태학으로 분명히 했던 그물코와 같은 질투의 주관적인 역동성을 재구조화하는 출발점이 될 수 있다.

고통에서 불안까지
질투의 선사시대

질투의 시기심을 측정하려면, 프로이트가 불안의 이면으로 소개한 **분리**의 기원적인 장면scène originaire de la séparation에 위치해야만 한다. 엄마가 멀어지는 것을 보면서 젖먹이 아이는 고통을 느낀다. 그리고 완벽한 부재상태에서 나타나는 그의 찡그린 얼굴[2]은 불안과 애도의 변증법[3]에 시동이 걸리고 있다는 증거이다. 이 기원적인 고통은 주체 안에 잃어버려야 할 대상이 등록되었다는 표시이다. 그 고통을 프로이트는 불안도 아니고 애도도 아닌 것, 눈을 맞추면서 모성의 타자를 함부로 대신하러 오는 낯선 얼굴을 대면하는 것이라고 한다.

그것은 아직 질투의 고통이 아니다. 질투는 반드시 제3자의 등장이 있어야만 가능해지기 때문이다. 그러나 그런 고통이 자리하기 이전에도 어머니가 나타나고 사라지는 변증법에는 봉인된 미래의 질투가 새겨져있다. 주체는 (시야에서) 한번 놓쳤던 어머니를 다시 놓칠 수 있다는 예상을 한다. 일시적인 질투 불안의 소용돌이인 분리와 애도의 여정에는 예상과 퇴행의 반복이 있다. 물론 어머니는 다시 온다는 약속과 함께 사라지는 놀이를 하면서 그 상황을 자연스러운 것으로 만들어 나간다. 그러나 아이는 여전히 고통스럽다. 그리고 아이가 어머니의 반복적인 오고 감의 이유에 관해 납득할만한 가설을 세울 수 있을 만큼 자라면, 그는 어머니의 이동 일정에 새로운 의문을 품는다. 즉 자신 곁에 없는 엄마가 누구와 함께 있을까? 라는 의문이다. 아이는 아버지가 어머니를 차지했을 것이라는 추측을 하고, 그것이 질투로서의 불안을 구조화시킨다. 그렇게 고통은 질투가 된다. 질투와 고통은 같은 뿌리로 서로 얽혀있는 까닭이다.

떠오르는 질투
시기심의 서막

어린 아기의 생활 속에서 질투가 떠오르는 순간을 살펴보는 일은 중요하다. 질투는 유독 시선에 집착하고 또 얼굴표정으로 잘 읽히기 때문에 그것의 관찰이 가능해진다.

그런데 라캉은 교부였던 아우구스티누스의 관찰에서 임상적이라고 할 수 있는 질투에 관한 관찰을 찾아냈다. 《고백록》의 한 문장에 감동된 그는 '자아의 질투 열정'의 계보학을 위한 교부의 자료들을 모두 찾아내서, 자신의 1938년에서 1973년까지의 모든 저작에서 시기심의 전주로서의 질투를 해설한다.4

아우구스티누스는 선한 마음의 표현이 가진 위험을 기억한다. 아우구스티누스가 치밀한 묘사로 생동감 있게 묘사한 시기심의 곤혹스러운 수렁에 빠진 아주 어린아이*parvulus*의 에피소드에서, 라캉은 에고의 탄생을 막는 암초가 될 수 있는 구호조치의 위험을 본다. 그리고 자비에 대한 깊은 통찰을 한다. 그리하여 그것은 시니피앙에 대한 라캉의 적절하고 풍부한 재해석으로 더할 나위 없는 질투의 기원적 장면이 된다.

"자신의 어둡고 쓰라린 면을 말하고 들여다보기 전, 어린아이의 질투어린 사랑을 지각하고 경험하는 것."

"나는 가까이서 아주 어린아이의 질투를 보았고, 또 관찰했다. 아직 말도 못하는 그 아이가 젖 먹는 동생을 창백한 얼굴과 몹시 아픈 눈길로 쳐다보고 있었다."5

거기에는 '전문가' 아우구스티누스가 주의 깊은 관찰자로 형제 커플과 트리오를 이루면서 참여하고 있다. 물론 그 자리에는 언급되지 않은 또 다른 제 삼자인 유모, 혹은 유모–어머니 mère-nourrice도 있다.

그는 *zelantum parvulum*[어린아이의 질투열정](위, p. 13에서 어원과 연관시킴)을 관찰한다. 그 *parvulus*[학교에 다니기 전의 어린아이]를 라캉은 '아주 어린 아기le tout petit'[6]라고 했고, 이후 멜라니 클라인처럼 '시기하는 아기le bébé envieux'[7]로, 나중에는 '꼬마아이petit bonhomme'[8]로 쓴다.

어린아이의 나이는 명시되지 않았지만, 그것은 이유기와 말의 세계가 인지되는 지점에 있다: 아직은 어눌한 아이는 '눈길을 끄는 것을 흡수absorption spectaculaire'하는 상태(공격성의 발현)에 있다. 그리고 눈으로 보았던 것을 보존할 수 있게 해 줄 말이 아직 마련되지 않은 아이는 그것에서 눈을 뗄 수 없게 되고, 그렇게 그 장면은 경악스러운 것으로 비치게 된다.

외상은 시선에서, 질투는 몸에서

그렇다면 아이는 무엇을 할까? 말도 못하고 소리도 안 나오고 오로지 보기만 할 뿐인 그 아이는 젖 먹는 동생을 혈육이 아니라, 같은 젖, 그러니까 젖을 공유하고 나누어 먹으면서 같이 자라는 아이로 '직관'한다. 그래서 그는 다른 아이가 자신의 젖을 먹는 광경에 질겁하고 경색되어 그저 바라만 보고 있다. 그는 쓰라린amartu[쓴, 불쾌한] 눈길aspectu[보기]을 주면서 문자 그대로 기도하는 수도자처럼 비장한 마음으로 '계율에 따라 수행'한다.

창백한 얼굴은 그가 붕괴되었음을 보여주는 특징이다. 우리는 프로이트가 이것을 가리켜 최초로 각인된 고통이라고 한 것을 기억한다(위, p. 92-95). 또한 라캉은 이것을 라신느 풍으로 이렇게 해설했다: "아직 말을 못해서, 그저 동생의 젖 먹는 광경을 창백해진 얼굴과 쓰라린 마음으로 그저 보고 있을 뿐이다."9 그렇게 라캉은 쓰라린 시선을 광경으로 옮겨놓는다. 사실 거기서 우리의 '눈길을 사로잡는' 것은 일시적으로 혈액순환이 둔화되거나 차단되면서 갑작스럽게 창백해진 얼굴이다. 이것은 **질투하는 몸**으로, 순식간에 튀어나와 잠깐 동안만 볼 수 있다. 시기와 질투의 납덩이가 보고 있는 몸을 덮쳐서 쓰러뜨리면, '정신신체적인' 증상, 혹은 그냥 '신체적인' 증상으로서의 질투가 된다.[10] 이것이 '시기심의 시선기능'[11]이다. 그래서 시선의 대상[12]과 질투의 대상은 무의식의 역동 속에서 (신체적으로) 분명하게 일치된다.

어머니의 퇴위

아우구스티누스의 회상에는 분명하게 기술된 형제가 형제에게 고정시킨 시선 외에도, 시각화되지 않은 제3의 인물인 유모가 포함되어있다. 아우구스티누스는 이 에피소드를 이야기하고 난 다음 곧바로 유모들은 일상적으로 원초적인 질투나 시기심을 경험하고 있다는 암시를 한다: "그것을 경험하지 못한 사람이 있을까? 그런데 어머니와 유모는 내가 모르는 어떤 처방으로 그것을 쫓아냈다고 주장한다."[13] 착한 여자 처방은 양육관계의 고질적인 증상에 약도 되고 독도 되는 유모로서의 어머니의 본질적인 어떤 것을 암시하는 것 같다. 모든 유모는 자신의 젖이 욕구불만의 상처를 가진 어린아이를 지켜줄 수 있다고 믿는다. 그러나 둘 중 하나, 아니, 유모가 아이에게 가장 중요한 존재가 되는 경우는 거의 모두 수유중일 때 뿐이다. 일단 아이가 젖을 떼고 나면 그의 서열은 점차 '강등'된다. 이것이 어머니 질투 성향의 핵심이다.

따라서 라캉은 해설을 통해 그 묘사를 보완하고, 수정한다: 형제는 시선을 주고/받는 사이가 아니며, 그들 사이에 제 삼자로 있는 (모성적인) 유모의 큰타자$^{\text{Autre nourricier}}$를 가정해야 한다. 그는 "어린아이가 자신과 닮은 사람을 경험하는 것에서, 특히 그가 어머니의 젖, 말하자면 그에게 꼭 필요한 욕망의 대상에 매달려 있는 것을 보는 데서 나오는 고삐 풀린 질투에 의한 큰 피해"[14]의 패러다임을 세운다. 실제로 그가 뚫어져라 응시하거나 빨아들일 듯이 쳐다보는 것은 대부분 어머니의 젖에 매달려서 '그가 먹던 젖을 먹는' 동생이다. 아우구스티누스의 회상에서 손위 형제와 자매는 수유의 순간에 위치한$^{\text{in situ}}$ 관찰자로서, 그들의 모습은 그다지 당당해 보이지 않는다. 예전에는 자신들을 위한 어머니의 젖과 보살핌이었지만, 이유 이후 그것들을 몰수당한 그들은 이제 새롭게 누리고 있는 '운 좋은' 동생을 대상으로 시샘이나 하는 그런 존재들이기 때문이다.

그러나 아우구스티누스의 관찰을 넘어선 '전문가' 라캉은 그 시샘의 대상이 그 아이에게 필요^{besoin}한 것이 아니라는 점을 간파해낸다. 그가 그토록 간절하게 시기했던 것은 그에게 더 이상 **필요하지 않은 것이다**: 요구^{demande}가 필요를 넘어선다. 질투에 관해 진지하게 다루고 있는 《네 개의 근본 개념$^{Quatre\ concepts\ fondamentaux}$》도 이 문제를 지적한다: "젖 먹는 자기 동생을 바라보는 아이에게 엄마젖이 여전히 필요한 것일 수 있을까? 우리의 시기심은 보통 우리에게 아무런 소용도 없는 어떤 것을 누군가가 가졌다는 사실만으로, 또한 그것이 그럴 만한 가치가 있는 것인지 생각조차 해보지도 않은 채 일어나고 있다."[15] 따라서 "어린아이나 혹은 그 누구라도 시기심이 일어날 때, 그것은 결코 **시기할만한 것에 대한 시기**가 아니다." 결정적인 순간, 라캉은 시기심을 순수 결핍을 겨냥한 것으로 설정하기 위해 특이한 모든 내용의 시기심을 제쳐둔다: 대상은 시기심의 부재증명일 뿐이다. 중요한 것은 시기심이 질투 갈망의 기원에 있는 맹목성에서 끌어맨, 그래서 '아무런 소용이 없는' 것으로 향한다는 그것의 성격이다.

이것이 질투와 시기의 순간에서 밝혀진 삶의 씁쓸한 진실이다. 달달했던 만족에 타자가 접속되면 그것은 미움이 된 질투

haine jalouse로 뒤바뀐다. 주체에게 미움은 자기 몫의 주이상스가 새로 들어온 다른 사람에게 돌아감으로써 자기 것이 박탈되었다고 느낄 때 생긴다. 즉 주체는 후임자가 누리고 있는 장면 때문에 소스라치게 놀라면서 (그 안에 유폐되어) 더 이상 (아무 것도) 요구할 수 없다고 하는 요구의 정지에서 미움이 싹튼다.

바로 그 점이 시기심의 진짜 독성이라는 것을 라캉은 아우구스티누스의 텍스트보다 더 강하게 강조한다. "그에게 독이 될 수 있고 그를 망가뜨릴 수 있는 씁쓸한 시선으로 (…) 어머니의 젖에 매달린 동생을 바라보는 어린아이"[16] 라고.

눈을 사로잡는 것
결핍의 대상

달콤했던 엄마 젖을 완벽하게 잃어버리는 지독한 아픔 속에서 아우구스티누스의 아이는 욕구좌절frustration 상태를 경험한다. 그것은 프로이트의 표현대로라면 *Versagung*[거절, 거부, 단념]이 의미하는 만족의 단념 상태이다. 그러나 그에게 필요한 것들은 여전히 제공되고 있다. 그에게 엄마 젖은 이유離乳를 했거나 충분히 많이 먹었기 때문에 더 이상 절실하지 않다. 그러니까 "주체는 이미 오래 전에 이유를 했고, 동생보다는 엄마 젖을 여유 있게 바라볼 수 있는 상황이기 때문에 굳이 따지자면 경쟁할 필요가 없다. 그런데도 질투를 한다."17 그렇게 질투는 이미 이유를 마친 상태, 굳이 '사활이 걸린 경쟁'이 필요 없는 지점에서 시작된다. 여기서 우리는 질투가 더 이상 배고프지 않은 아이의 가라앉지 않는 욕구appétit에서 나온다는 특징을 생각해볼 수 있다. 이 때 탐욕스러운 것은 입도 위도 아니다. 그냥 '신경 쓰이는' 광경에 대한 시선이다. 정확히 타자가 자신이 잃어버린 것을 누리고 있는 것을 보면서, 그는 더 이상 가동하지 않게 된 욕구를 깨닫는다.

주체가 경험하는 욕구좌절은 무엇에 대한 것일까? 그것이 '필수품' 때문이 아님은 분명하다. 도대체 그는 무엇을 보고 마치 그가 숨 막히는 오르가슴을 느끼기라도 한 것처럼 '주검보다 더 핏기가 없어' 보일 정도로 창백해진 것일까? 그것은 일단 '자신을 위축시킨 완벽한 이미지를 마주하고 있기 때문이다. 또한 그가 자기 것이었으므로 만족했던 쁘띠 (아)petit (a)가 이제는 정지되고 분리되어 타자를 위한 것이 될 수도 있다는 현실을 마주한'[18] 탓이기도 하다. 문제의 핵심은 그를 만족시켰던 것이 타자에게 임대되어 임차인과 용익권자의 것이 되었다는 데 있다. 이제 그것은 '타자'의 것이 되었으므로 되돌아올 수 없다. 그에게서 빠져나간 그 소중한 재화bien는 타자에게는 '평화Friede[평온]'가, 그에게는 선전포고가 되었다.

질투, 시기심과 탐욕 사이
라캉 vs. 클라인

라캉은 멜라니 클라인의 문제제기에서 한 발 더 나가서, '시기심은 욕망할만한 무엇인가를 타인이 가지게 된 것은 아닐까, 그리고 그것이 그를 만족시키는 것은 아닐까라는 초조한 마음의 주체가 느끼는 분노의 감정'이라고 한다. 질투는 '시기심을 바탕'으로 한다. 그러나 시기심이 '어머니와의 아주 최초의 관계로 거슬러 올라가는' 것이라면, 질투는 '최소한 두 사람의 관계를 포함해서 주체가 당연히 그의 것이어야만 한다고 느끼는 사랑, 혹은 경쟁자에 의해 빼앗기거나 그렇게 될 수 있으리라고 느끼는 사랑'과 연관되어 있다. 알다시피 '탐욕'은 '채워질 수도 벗어날 수도 없는 욕망이고, 주체가 필요로 하는 것과 대상이 그에게 줄 수 있는 것, 혹은 주고자 하는 정도를 넘어선 욕망의 흔적'[19]을 가리킨다. 시기심과 탐욕은 하나는 투사를 거쳐, 다른 하나는 보다 근본적인 내투로 인해 파괴로 나아간다. 이렇게 시기심을 바탕으로 하는 질투에는 파괴적인 성격이 존재한다. 그럼에도 불구하고 질투는 타자와의 사랑의 관계를 지향한다.

요구demande와 필요besoin, 탐욕avidité의 세 요소의 관계에 대해 '밑 모르는' 요구는 필요의 한계를 뛰어넘어 탐욕의 성격을 갖는다고 설명하는 멜라니 클라인의 문제의식을, 라캉은 주체와 타자의 문제를 통해 거울의 차원과 그리고 욕망하는 사람들의 도박으로 손질한다.

질투의 절대 악
거울의 폐해

우리는 질투의 뿌리를 시각적인 거울의spéculaire 폐해에서 찾는다. 분명한 것은 '질병'과 병적인 특색을 넘어서 우리는 악이나 적어도 무의식에 대한 지식이 표지할 수 있는 어떤 악의 문제에 접근하고자 한다. 그 점에서 교부로서의 아우구스티누스는 상당히 적합하다.[20] "우리는 질투의 고통으로 상처 입은 어린아이의 힘든 얼굴에서 질투에 의한 지속적인 피해 — 성 아우구스티누스가 악의 근원으로 인식했던 — 가 보여주는 표시들을 읽을 수 있다."[21]

칸트의 '근원적인 악mal radical'은 젖을 먹는 동생이 이유를 마친 형의 불행이 되는 것과 같다. 말하자면 타자의 주이상스 자체가 그대로 자신의 주이상스를 박탈하는 것이 된다면, 거기에는 어떤 교감도 있을 수 없다. 절대 악 — 자신을 제외시켰다고 느끼는 '자아'를 도려내게 만드는 — 은 타자의 주이상스 형태를 취한다. 이것이 거울로 녹화된 데서 태어난 '정신적 외상'의 실존적 패해이다.

시기하는 상상계에서 욕망의 대상까지

그렇다고 그 경험이 거울에 의한 집착만은 아니다. 그리고 그것은 **동일시** 측면을 향한 도약대가 된다. 라캉은 '닮은 사람semblable'으로서의 형제관계를 '강렬한 적대관계'에서 '정신적인 동일시' 관계로 옮겨 놓는다.[22] 그러나 그 다음은 시기심의 문제, 곧 내게서 사라진 '나의' 주이상스로 인해 타자의 주이상스와 동일시되는 문제로 복잡하게 전개된다.

다시 말해서, '자신의 고통을 깨닫는' 순간, 아이는 새삼스럽게 어머니의 유방에는 자신이 잃어버린 그 무엇이 있다는 것을, 젖엄마의 유방에서 사라진 아주 고귀하고 값비싼 비물질적인 그 무엇이 있다는 것을 인정하게 된다. 요약하면, 이것은 그가 놓쳐버린 대상을 위해 (상상의) '작은타자petit autre'에서 '쁘띠 아petit a'('욕망의 원인이 되는' 대상)로 옮아가는 기점이 된다. 아무 것도 모르는 채 젖을 먹는 동생은 형도 미처 깨닫지 못했던 대단한 가치를 지닌 중요한 무형의 대상을 훔친 도둑이 된다. 여기서 형은 형용할 수 없는 '은총의 상태'와 동생을 혼동한다. 어쩌면 그런 혼동이 '은총의 상태' 자체에 대한 정의일 수도 있다. 자신의 행운을 알지 못한다는 점에서 그 누구도 이 순진한 아이, 동생을 미워할 수 없다(그래서 아우구스티누스는 우울해진다).

거기에는 하나의 시간성에서 다른 시간성으로 전환하는 엄청난 일이 있고, 확실하고 완벽한 '욕망의 토대'가 된 '이미지'가 있다. 그것으로부터 라캉은 자신의 견해를 발전시킨다: "사람들은 내가 질투하는 나의 동생을 나와 닮은 사람이라고 오해할 수 있다. 그러나 문제의 이미지가 내 욕망의 토대가 되는 이미지이기 때문에, 그 이미지는 나와 닮은 것이 아니라 바로 나의 이미지이다."[23] 이 순간의 중요성은 미래의 질투 논리 — 질투하는 사람은 누구든지 잃어버린 상상의 대상 앞에만 서면 본래의 상황으로 돌아간다 — 에 있다. 마찬가지로 절대 결핍의 대상이나 '완벽하게 잃어버린 perte sèche' 대상에 대한 욕망에 집착한다는 점에서 질투에는 사랑의 흔적이 있다.

'질투주이상스'와 이미지화할 수 없는 질투
내기가 된 주이상스

질투는 완벽하거나 부러워할만한 대상을 차지한 것 같아 보이는 사랑의 수혜자를 볼 때 일어난다. 이때부터, 타자가 가진 '것'은 무엇이든지 말할 수 없이 특별한 물건의 효과를 갖는다.

라캉은 질투와 주이상스의 합성어 '질투주이상스 jalouissance'와 같이 생생한 경험을 압축한 '혼성어'를 도입한다.[24] 이렇게 연달아 튀어나오는 시니피앙들은 직접적으로 거울에 의한 질투의 압축작용에 다가가려는 노력을 보여준다. 질투는 주이상스의 기원적인 장면을 보는 시선에서 비롯되고, 미움은 그런 질투에서 구조화된다. 라캉은 그런 '질투의' 미움과 '존재에 대한' 미움을 구분해야 한다고 한다. 특히 더 이상 이미지화하지 않는 후자의 미움은 타자의 존재 자체를 겨냥한다는 특징이 있다. 거기서 우리는 질투 너머의, 이미지의 경계 너머의 이미지화할 수 없는 잔혹한 질투의 영역, 순수한 미움의 영역으로 기운다.[25]

우리는 절대 권력의 어린 군주[정신분석에서 거세 이전의 어린아이의 전능을 비유해서 일컫는 지위이다]가 잃고 나서야 비로소 깨달은 그 힘의 위력 앞에서, 슬픔에 잠긴 자아가 즉위 ― 강탈당하는 순간, 질투의 투사, 질투를 비춰주는 일종의 코기토의 즉위 ― 하는 가장 비장한 순간을 기억할 것이다. 젖먹이 동생은 옷걸이에 불과하다: 가장 고통스러운 것은 질투의 요람이 되는 자아의 애도이고, 그것은 주관적인 질투와 절대성의 실각에 낙관을 찍는 일이다. 그러나 그 지점에서 '욕망이 태어난다'. 바로 그날, [어린 형은] 시기심에서 질투로, 자아에서 주체로의 커다란 변화를 맞이한다. 그리고 그날은 시기심의 깊은 수렁에 빠지기도 하고, 욕망이 태어나기도 한다.

프로이트에게 분리의 기원적인 장면, 즉 아이가 멀어져가는 어머니를 보는 순간은 무언의 사건으로 질투의 선사시대가 된다. 그는 아직 질투하지 않는다. 그러나 우리가 재구성했던 '자기 파멸의 집착'을 거치지 않고도 아이는 타자 — 어머니의 젖을 공유하는 형제, 특히 어머니를 겁탈하는 아버지 — 와 함께 자신의 대상을 세워갈 것이다.[26] 그러나 거기서 다른 이야기, 즉 형제관계와 그 이후 아버지의 장면에로 접근하는 이야기가 시작된다.

5
형제간의 질투

"(…) 나는 나보다 한 살 어린 (그러나 몇 달 만에 죽은) 동생을 보면서 어린아이의 질투에서 나온 나쁜 마음을 품었다."

프로이트

프로이트는 이 고백을 《일상생활의 정신병리학》[1]에 올리기 전에 자기 분석 결과를 나눈 플리쓰와의 편지[2]에 적고 있다. 그는 다른 곳에서 형제관계의 영향력을 공식적으로 인정했고, 거기서 자연스럽게 질투를 발견했다.[3] 여기서 중요한 것은 어떻게 형제관계가 질투논리를 정하거나 정해지는 순간에 개입하는지를 이해하는 일이다. 그것은 질투의 결정인자로서의 형제-자매의 심급 파악에 중요하다. 그 심급이 형제간의 외상적인 주이상스 사건일 뿐만 아니라, 반격의 구조화, 질투를 방패로 작용하는 관계의 제도화로 이어지기 때문이다.

가족 속의 낯선 사람 공포
유년의 질투

'진짜 아이의 질투'라는 표현은 매우 중요하다. 형제는 질투의 정서를 일깨우는 전형적인 '작은 질투꾼'이다.[4] 프로이트는 형제와 자매들을 향한 적대감이 표현된 꿈을 해석하면서 "가장 선명하고 강렬한 질투는 아이의 질투"[5]라는 말을 한다. 그러니까 아이가 질투를 한다면, 그것은 질투의 징조가 아니라, 어른들에 의해 복제되고 계승되는 '진짜' 질투의 형식이다.

질투는 권력과 지배관계의 문제이다. 우리가 중요하게 보고 있는 "먼저 태어난 아이는 자신의 모든 권리를 빼앗아서 부모와 멀어지게 만든 나중에 태어난 아이를 **질투해서 억압하려고** 한다"[6]는 점이 그것을 말해준다. 우리는 그가 '아이들의 방'이라는 어린 아이들의 공간으로 축소된 곳에서 아버지처럼 행동한다는 점을 염두에 둘 필요가 있다. 여기서의 질투는 권위주의적인 움직임뿐만 아니라, 기원으로서의 질투 움직임(아래, p. 201-205)에도 관련되어 있어서, 그는 그 닮은 사람에게 대처한다: '낯선 동생이 자신에게 미칠 피해를 잘 알고 있는 까닭에, 형에게는 가족 속의 낯선 사람 공포xéno-phobie, 즉 어느 날 갑자기 집으로 쳐들어온 새로운 동생, 곧 형제 공포adelphos가 있다. 프로이트는 어린 괴테가 갓 태어난 동생을 질투해서 보였던 그릇을 던지고 깨뜨리는 행위7에서 추방을 대신하는 환상화fantasmatique 방식의 신속하고 '합법적인 방어'를 본다.

아들러는 형에게 있어 동생의 출생은 '왕권을 양위한 아이'의 이미지를 통해 왕조의 멸망으로 표현한다. 그러나 독일어는 왕조의 멸망보다 더 비극적인 느낌의 '하늘의 완벽한 몰락aus ganzen Himmeln gestürzt'이라고 표현한다. 이 두 표현 모두 새로 들어 온 돌이 박힌 돌을 빼낸다는 의미로 침입자가 원래 자기 자리에 있는 (그리고 제 자리에 있는) 형제를 '그의 모든 세계로부터 몰아낸다'는 의미를 전달한다. 셰익스피어도 쇠락한 왕의 이야기에 나오는 비통함의 의미를 비극적으로 전달한다. 프로이트 역시 이를 오이디푸스로 환언해서 설명한다.

'빨간 망토'
절대 빼앗길 수 없는 것의 대명사

"빨간 망토는 내거야. '그거'는 절대로 쟤한테 안 줄 거야!"[8] 여기서 빨간 망토는 한 여인이 어린 시절에 갓 태어난 아이가 '형제'라면서 집으로 불쑥 쳐들어왔을 때의 놀란 심경에서 나왔던 오브제이다. 두건 달린 그 오브제는 자리를 빼앗긴 주체가 악착같이 지켜야 하는 것의 상징으로 격상되어, 다른 건 몰라도 최소한 '그거9a'만큼은 절대 빼앗기지 않겠다는 다짐을 하게 된 것이다.

어린 소녀에게 '빨간 망토'는 너무나도 마음에 쏙 들었던 대상인 만큼, [동생도] 탐낼 수밖에 없을 거라고 생각한다. 그런 동생을 매혹시킬 수 있는 빨강색의 오브제를 입는 한, 그녀는 여전히 빛나는 우두머리를 유지할 것이다. 피할 수도 없고 협상도 안 되는 형제간의 분쟁에서, '빨간 망토'는 우리가 나눠 가질 수 없는 모든 대상을 표상한다. 이렇게 나르시스적으로 몰입된 대상은 부모의 사랑이나 어머니의 사랑을 공유하지 않겠다는 거부를 상징한다. 첫째 아이는 새로 태어난 아이의 침범에 대항해서 부모가 그에게 선물한 자기 것을 악착같이 지키려고 한다. 그는 약탈자 — 이래저래 자신과 부딪히는 이 '성가신 [갓 태어난] 아이'[9] — 가 들이닥치고 난 다음에야 비로소 그 대상이 자신에게 얼마나 소중했는지를 깨닫는다. 여기서 우리는 그 '망토'가 지닌 남근의 상징체계symbolisme를 설명하지 않을 것이다. 왜냐하면 형제가 다투는 사건의 쟁점은 상상의 남근을 보완하는 것이 목적이기 때문이다.

유아의 질투정서에는 라이벌을 향한 비방도 들어있다. 그래서 어린 한스는 '새로 태어난 아기(그의 여동생 안나)를 질투해서' 사람들이 동생을 칭찬하거나 예쁘다고 하면, 이렇게 빈정대곤 했다. "그런데요, 걔는 아직까지 이빨이 하나도 없어요!"[10] 이렇게 한스는 동생에 대한 적의를 표현했다.

프로이트는 동생의 출생이 어느 정도로 삶을 이분화시키고, 어머니의 은총을 원망으로 변형시킬 수 있는지, 문자 그대로 너무 아픈 질투가 자리 잡으면서 이분화된 심리 생활의 과정을 밝혀낸다.[11] 위 문장을 일상에서 벌어지는 일로 말하면, 큰 아이는 새로 태어나서 집으로 들어온 아기 쪽으로 기울어진 어머니의 배려를 어머니의 배신으로 여기면서 '못되게 굴고,

화를 잘 내며, 말을 듣지 않는' 아이가 된다. '배설의 통제력은 고장'나고, 습득된 청결함이 퇴행한다. 이것은 "아이의 자포자기"[12] 때문이다. 그래서 '이러한 질투에서 비롯된 여러 움직임과 끈질기고 지속적인 힘'은 '이후의 발달에 중대한 영향력을 행사한다.' 한편 프로이트는 "아이가 엄마를 더 좋아하는 것은 달라지지 않아서, 아이는 끝없이 배타적인 사랑을 요구한다. 따라서 질투의 모든 표현 속에서 우리가 알게 된 특징, [사랑하는 대상을] 누구와 공유하기가 몹시 힘들다"[13]는 점을 자세하게 설명한다.

형제간의 사도-마조히즘
환상의 작업

질투와 복수의 정서에 빠진 형제간의 모습은 《매 맞는 아이》의 본문이나 문체에서 재현된 환상을 배경으로 뚜렷해진다. 그리고 환상이 광적으로 활동하지 않는 한, 동생과의 관계는 결코 질투의 모형이 되지 않는다.

한편, 놀이가 시작되는 환상의 개막기는 '아이 방'의 법 — 질투에 근거한 — 을 세우고, 동원된 아버지가 동생을 때리게 만드는 것이 된다: '갑자기 왕좌에서 쫓겨났다'는 환상이 자극한 형의 복수심은 라이벌 동생이 야단을 맞든지 매를 맞는 상황을 만든다.[14] 이때 형은 아버지가 자기만 사랑해서 동생을 때리고 혼낸다는 환상을 한다. 우리는 형제자매들 중 하나가 벌을 받으면 대개는 연대감을 갖는다고 알고 있지만, 환상 장면의 형제는 아버지의 손에 매질을 당하거나 혼나기 위해 채용된 사람이고, 아버지는 '매질'을 위해 필요할 뿐이다.

위와는 반대로 질투의 마조히즘적인 충동을 가진 주체가 매를 맞고 완전히 내쳐지게 되는 경우도 볼 수 있다. 이것은 근본적으로 질투하는 사람이 자신의 실패를 되새기면서 고통을 유지한다는 것 외에도, 자신을 대상의 위치에, 즉 주기적으로 '혼나는 se faire avoir'는 사람의 위치에 놓고 있음을 의미한다. 익살극의 '오쟁이진 남편'이 바로 그러한 점을 절절하게 표현하고 있다.

그러나 거기에는 매를 맞는 것이 입장에 따라 자기 마음대로 해석된다는 보다 근원적인 문제가 있다. 즉 매 맞는 당사자에게는 사랑의 표시로, 라이벌에게는 사랑받지 못하는 사람이 받아 마땅한 대접의 표시로 해석된다. 특히 아버지에게 매 맞는 소녀는 역설적이게도 오이디푸스적인 신체접촉corps à corps에 바탕한 친근한 관계를 만들어낸다(아래, p. 131-134). 거울에서의 이상한 대비는 환상이 작동시킨 교차작업travail de croisement(혹은 '분신double 놀이')을 가리키고, 끊임없이 질투의 무의식적인 논리를 퍼뜨린다.

동성에 대한 사랑과 미움의 질투
형제 콤플렉스와 동성애

여기에 형제의 질투와 우애가 교차되는 전략적으로 중요한 장소가 있다: 질투에 관한 최초 논설의 결정적인 한 구절에서, 프로이트는 동성애가 형제자매fratrie 문제에 기원을 두고 있음을 분명히 한다. 거기서 프로이트는 임상가로서 이렇게 말한다. "나는 유년기에 속한 대부분의 형들에게서 어머니 콤플렉스에서 온 강력한 질투의 움직임eifersüchtige Regungen[질투하는 사람의 미움]들에 관한 사례들을 주의 깊게 관찰했다. 그런 질투에는 형제자매가 죽었으면 좋겠다는 소망이 있고, 그 때문에 공격적이고 적대적인 태도를 갖게 되지만, 그런 태도들이 계

속 유지되는 것을 견디지 못한다."[15] 그래서 예전에는 싫어했던 라이벌이, '감정의 변형 *Gefühlsumwandlung*[감각변화]'으로 인해 이제는 가장 사랑하는 동성애의 대상이 된다. 편집증이 무의식의 사랑을 미움의 감정으로 변형시킨다면, 동성애는 이와 반대로 미워하는 라이벌을 사랑하는 형제로 변형시킨다. 그리고 어머니 콤플렉스의 제어는 이 모든 과정의 핵심이 된다. 그래서 어머니의 아들들이 리비도의 투자에 이어 미움을 받는 것은 어쩌면 동성애 관계를 선택할 수 있는 토양을 만드는 것이다.

그렇다면 외동아이는 질투도 동성애도 없어야 하는 것은 아닐까? 그렇지는 않다. 외동아이는 어머니가 칭찬할만한 조건을 가진 다른 아이와 비교되어 미움을 받는 경우, 그와 닮은 사람이 미래의 동성애적인 리비도의 대상선택의 방향이 되기도 한다. 따라서 동성애의 발생에는 종종 어머니가 더 좋아한다고 추정된 형제를 향한 강한 질투가 어느 정도 있다. 어머니 콤플렉스로부터 대개는 나이 많은 형들에게 경쟁자들이 죽기를 바랄만큼의 아주 강렬한 질투 움직임이 탐지된다. 그러나 프로이트의 말을 빌리면, 그런 미움은 진화해간다. 주체는 마치 걷잡을 수 없는 미움에서 비롯된 전쟁에 싫증이라도

난 것처럼, 근원적인 미움의 힘에 비례한 사랑을 결심한다. 형제를 죽일 수 없다면, 평화롭게 살고 싶은 그들은 동성의 '소년들'을 사랑하는 것으로 형제를 사랑하기로 결심한다!

'따라서 질투의 움직임에 대한 억압과 교육은 퇴행을 일으킨다.' 그러나 그 진화의 끝에서 우리는 동성애자들, 즉 다른 남자들을 향해 자신의 리비도를 이끌어 가는 남자들을 만난다. 그런 남자들의 사랑의 원천은 어머니와의 동일시가 일어나는 사춘기에 어머니의 사랑을 걸고 있는 형제를 향한 미움이 역류된 것이다. 질투는 가장 크고 좋은 몫을 차지하는 대상에 대한 정서의 역류가 없다면 '성적인 역류$^{\text{inversion sexuelle}}$'도 없다.

이 요인은 동성애적 입장의 특징적인 조합 속에서 보조적인 인자로서의 지위를 차지한다. 거기에는 어머니에 대한 동일시와 고착, 남성기에 대한 고평가, 사랑하는 대상 속에 있는 포기할 수 없는 자신의 영향력, 여성에 대한 경멸과 혐오, 그리고 어머니를 포기하게 하는 아버지에 대한 존경의 마음과 불안 등이 포함된다. 그리고 거기에 형제에 대한 질투와 '특별히 사회적인 욕동 발현의 발달'과 함께 대상선택으로 극복되는 공격성의 억압도 추가해야 한다. 거기로부터 사회화된 욕동 발현들이 커져가고 공동 이익에 대해 호의적이 됨에 따라, 동성애자들은 쉽게 사회에 대한 열정을 갖게 된다(아래, p. 200). 그리고 동성애는 여성들이 원인이 되어 나온 남성들간의 이성애적인 경쟁체계를 피하게 한다. 그리고 이 과정이 단순히 동성애의 영향을 이해하기 위해 흥미로울 뿐만 아니라, 질투의 사회화와 함께 '경쟁심의 극복과 공격적 성향의 억압'에 결정적인 다리 역할을 한다는 점도 그러하다. 동성애자들은 대상성objectalité에 구애받지 않는 리비도의 방출을 통해 질투를 사회화할 수 있을 만큼 넉넉한 사회적 용도의 에너지를 가지게 된다. 형제나 혹은 다른 소년에게 한 어머니의 칭찬은 주체를 동성애자가 되게도 하고, 혹은 요지부동의 히스테리화된 이성애자가 되게도 한다.[16]

'카인 콤플렉스'
거부된 대상

질투와 형제관계의 관련성은 그것들의 무의식적인 내기들을 요약한 성경 속 카인과 아벨 형제[17]에서 가장 치명적인 방식으로 재현된다. 농부였던 카인은 자신의 봉헌은 거부되었지만 양치기 동생이 큰타자 신神에게 바친 것은 받아들여졌다는 것과 관련한 피해의식에서 맹목적인 질투를 한다. 그런 질투이기 때문에, 카인은 동생을 때려죽이고도 그럴만해서 그렇게 되었다고 여긴다.

어쩌면 카인이 아벨을 '그 자리에서' 때린 것은 자신의 봉헌을 거부했던 큰타자에 대한 미움, 그러니까 직접 표현할 수도 없는 '그 존재에 대한 미움'일 수 있다. 그러나 그 '피해(죽음)'는 동생의 몫이 되었다. 그 사건의 진실은 큰타자에 의해 타자의 마음을 사로잡은 대상에 시기심 — 법 앞에서 돌이킬 수없는 폭력적인 애도를 해야 했던 카인의 — 이다.

6

오이디푸스의 질투

오이디푸스의 기간은 성심리psychosexuel 조직의 근원지로서 질투의 변증법에 주요한 영향을 미치고, 그것으로 '성숙'을, 혹은 엄밀한 의미의 제도화된 퇴행을 표시한다: 그때부터 주체 상호간의 모든 상황에서 질투의 대상이 구성되는 기원적인 originaire 상황으로 되돌아갈 가능성이 있음을 기억해 두기로 한다. 오이디푸스가 제대로 정착되었다고 해도, 질투 양상의 어딘가에 기원적인 상황의 재현이 나타날 수도 있다.

'질투하는jaloux'이라는 단어는 핵심적인 콤플렉스를 언급하면서 확실해진다: "나의 감정에는 어머니에 대한 사랑의 감정과 아버지를 향한 질투가 있다. 그리고 이제 나는 그것들이 유년기에 있을 수 있는 일이라고 생각한다 (…)"[1] "아버지를 향한 질투를 잊는 일"[2] 은 오이디푸스 해소의 관건이 된다. (소포클레스는) 오이디푸스 비극을 상연하면서, 아이가 욕망 체계에 입문하는 기념비적인 질투를 되살려내고 있다. 한 마디로 질투는 오이디푸스의 세례를 받은 정서이다. 질투의 핵심적인 감정이라고 할 수 있는 것과 오이디푸스의 감정이 뒤섞여 있기 때문이다. 그래서 질투가 가리키고 있는 대상은 아버지의 형상이다. 그 형상은 더 이상 다른 형제와 얼굴을 마주한 것과 같은 나르시스적인 거울은 아니다. 그것은 질투의 새로운 파동, 억압으로 가로막힌 대상을 목표로 집중된 움직임이다.

오이디푸스의 어린아이는 질투의 표본일 뿐만 아니라 패러다임이다. 질투에 관한 모든 담론은 오이디푸스의 경험(전 오이디푸스의 배경과 함께)이 되는 그러한 질투 변증법의 계기를 인식하지 못하면서 불완전해진다. 시기별로 새로이 형성된 무의식에서 질투를 재발견하는 것은 '오이디푸스의 아이'이다. 이제 질투는 신탁이 된다: "나에게 네가 질투하는 사람이 누구인지 말하라. 그러면 나는 네가 누구를 욕망하는지 말하리라 (…).''

어머니의 스케줄

우리는 욕동갈등을 이해하기 위해, 아이가 어째서 욕동 충족을 금지하는 사람으로 추정된 아버지와 상징화된 질투를 함께 지어내는지 알고 있다. 아버지는 오이디푸스 아이의 질투에 (단순히 심리적이지만은 않은 상징성을 지닌) 중요한 '동기'를 부여한다. 그러나 그것의 시초는 어머니에게 있다. 그리고 그 어머니는 오이디푸스의 질투에서 물러선다. 그것은 그가 독점*Alleinbesitz*[독점, 전유]적인 소유권을 갖기를 원하는 어머니가 있다-없다 하는 것, 즉 규칙적인 포르트-다*Fort-Da*[없어지고-나타나는]3에 대한 궁금증 때문이다. 이것이 결핍과 불안으로 이루어진 대상과의 고통스러운 분리에 관한 선사시대의 장면을 오가게 한다(위. p. 91). 시야에서 사라진 어머니로 인해 고통스러운 아이들은 이제 어머니가 다시 온다는 약속과 함께 사라지는 놀이를 하곤 했음을 떠올린다. 여기서 아이는 자신이 어머니를 마음대로 할 수 없다는 사실을 깨닫는다. '무엇이 자기 아이 옆에 없는 엄마를 차지하고 있을까?'라는 오이디푸스의 궁금증은 당혹감에서 시작한다. 이제 그에게 엄마는 일정 시간 동안만 자신의 엄마일 뿐이며, 자신은 그 정도에서 만족해야만 한다는 점을 받아들인다. 그럼에도 불구하고 아이는 '보이지 않는 동안 엄마는 어디서 무엇을 하는지'를 궁금해 한다.

그리고 아이는 엄마에게는 해야 할 다양한 일거리가 있고, 자신 외에도 엄마의 남편인 나의 아빠나 연인(아빠가 없는 경우)과 같이 있을 수 있다는 데까지 생각이 미친다. 그러므로 그에게서 어머니와의 시간을 훔친 사람은 낮이고 밤이고 그녀가 사라지는 방 안에 있는 사람 ─ 아버지이거나 연인 ─ 이 된다. 이제 아버지는 어머니의 시간 뒤에 숨어있는 도둑인 셈이다. 그 때문에 질투하는 아이는 자라면서, 어머니 ─ 자신의 연인 ─ 의 스케줄에 과도하게 신경 쓴다. 그리고 어머니의 스케줄을 선점하기 위해 고군분투한다. 어린 시절의 이러한 자신의 불안을 잊지 않고 있는 그는 사랑하는 여자가 막간에 할 수 있는 것을 끊임없이 상상하면서 그녀의 시간 계획 속에 자기만 있게 만든다.

여기서 질투하는 사람은 처음 본 남자의 정체를 모두 라이벌로 설정한다는 질투의 희비극이 나온다. 따라서 '폴리치넬라 [이탈리아 인형극에 등장하는 꼽추]의 비밀'에서 그 라이벌의 진짜 이름이 아버지의 이름인 것은 우연이 아니다. 아이는 선사시대부터 가면을 쓴 아버지와 쉼 없이 싸웠고, 실제로 잘못을 저지른 '가족 소설'의 어머니와도 그랬다. 이런 것이 분석가가 무의식의 역사에서 '탐지해낸' 결론이다.

그러나 문제의 본질은 이렇다: 라이벌이 있다는 가정은 고통스럽지만 그것이 수수께끼에 대한 답이라는 점에서 어머니 자체에 대한 욕망을 덜어준다. 한편, 어머니의 부재는 모든 것을 다 아는 것은 불가능하다는 문제를 제기한다. 지옥 같은 질투는 밝혀내야 하는데 그럴 수 없다는 데서 시작된다.

마조히즘의 주이상스
질투의 기원적 장면

최초의 질투 드라마는 기원적인 장면, 즉 부모의 주이상스 장면 — 부모의 성교, 그리고/혹은 유혹의 현장 — 의 비밀 속에서 시작된다. 그 사건에서 아이는 집에는 비밀이 있고, 가족들이 '그에게 무언가를 숨긴다'는 느낌을 갖기 시작한다.

질투하는 사람들은 모두 늘 커플의 신비인 주이상스에 인접해 있다. 그 앞에서 그들은 제외되었다고 느끼면서도, 마치 자신의 운명자체가 그렇게 정해진 것처럼, 자신이 그 주이상스에 묶여있음을 느낀다. (제 아무리 보드빌vaudeville로 개작해 놓아도) 기원적인 장면은 (부모의) 주이상스와 욕망을 묶어 놓은 최초의 질투장면으로서, 외길의 운명처럼 거기로 인도하는 힘을 지녔다. 극단적인 형식으로 질투하는 주체는 기원적인 커플에서 벗어나지 못하는 강압적인 방식에 고착되어 있다.

질투 경험의 마조히즘적인 차원에 영향을 미치는 것은 타자의 주이상스와 함께 신체적인 근접성이다. 우리는 그 이유를 알고 있다. 질투하는 사람은 애도를 즐기기 때문이다. 거기서 마조히즘의 특징인 '리비도의 공동 흥분co-excitation libidinale'이 나온다. 뿐만 아니라 자아는 질투로 달아오르면서, 존재하고 있다는 강렬한 느낌을 갖는다. 주체가 타자의 주이상스로 짜인 피륙[마조히즘적인 주이상스]을 상상한다면, 그것은 언제나 효과적인 기만에서 나오는 진정鎭靜과 끌어올려진 흥분poussée d'excitation 속에서 자신을 지키는 순간이다. 즉 '주이상스'(위, p. 108)는 마조히즘의 질투 버전이거나 질투의 마조히즘 버전이다. 따라서 질투는 욕동의 몸과 관련이 있다. 질투하는 사람은 기원적 장면의 '뜨거운' 감각을 자신의 육체에 옮겨놓는다는 점에서 타자의 주이상스에 영향을 받는다. 그러니까 질투의 중심은 오이디푸스이고, 그것은 몸을 가진 주체를 (다시) 손질한다.

질투의 이러한 차원은 두 개의 주요 국면을 열어놓는다. 그것은 지식과 욕동의 관계 — 남성과의 관계와 여성과의 관계 — 이다.

지식, 혹은 흥분의 원천으로서의 질투

오이디푸스의 어린아이는 어쩔 수 없는 상황 때문에 어린 조사원이나 '탐구자'가 된다. 성적인 것에서 자극을 받은 아이는 관심 있는 문제를 파고드는 '지식의 욕동Wissenstrieb[지식욕]'4이 생기고, 그 욕동이 '지식을 사랑하는 인식체계épistémo-philique'를 세우는 관문이다. 그런데 미친 듯이 타자의 비밀을 알아내는 열렬한 의지에서도 우리는 질투를 볼 수 있다. 질투하는 사람은 철두철미한 조사원처럼 모든 순간을 탐구하고 '알고 싶어 한다'. 잘못을 추궁하는 데서 발기상태와 같은 흥분이

유지된다. 그가 찾아내려고 하는 것은 부모의 방, 그러니까 침실의 원조에서 나온 소위 '침실의 비밀들'이다. 같은 토양에서 싹튼 질투의 열정과 지식의 취향은 호기심의 방향에 의해 가는 길이 달라지지만, 흥분이 질투 상태에서 절정에 달하는 것은 변함이 없다.5

주체가 그런 움직임의 충동을 모르는 체하고 있다고 해도, 프루스트는 질투 속에서 '진실에 대한 열정'을 가진 사람은 망상에 헌신하는 사람이라고 파악한다. 병적인 주이상스는 발견된다기보다 알고자 하는 의지$^{vouloir\text{-}savoir}$에서 온다. 사람들은 질투를 정서와 관련된 서사로 축소시키려는 경향이 있다. 그러나 우리에게 그것은 지식에 대한 광기이다. 라캉은 거식증에서 뜻밖에 질투와의 공명을 찾아낸다: "지식을 지배하는 것은 욕망이 아니라 공포다!"6 이 욕망과 지식 사이의 열개裂開는 그 자체가 주이상스 상태이다.

양성애 경향의 질투

오이디푸스 콤플렉스는 그것의 성숙해진 형태 — 오이디푸스가 진행되면서 아이가 동성의 부모와 통합되는 — 에서 완성되는 것으로 알려져 있다. "소년의 감정이 아버지에 대해서는 이중적이고, 어머니에 대해서는 대상선택의 다정함만 있는 것은 아니다. 아버지에 대해서도 여성에 대한 것처럼 부드러운 태도가 있고, 어머니에 대해서도 적대감을 드러내는 질투에 해당하는 태도가 있다."[7] 즉, 오이디푸스의 어린아이는 경쟁자로서 아버지를 향한 투쟁심과 수동성이 포함된 애착의 덫에 사로잡혀있다. 또한 어린소년은 아버지를 질투하는 만큼 어머니도 질투한다. 프로이트는 어린 '늑대 인간'의 감정 속에서 그것을 생생하게 짚어낸다: "여성(어머니) 속에 일체화된 그는 아버지에게 아이를 주고 이미 아이를 만들었으며, 또 만들 수도 있는 어머니를 질투할 준비가 되어있다."[8] 한편, 어머니를 라이벌로 여기는 소녀도 어머니의 사랑의 방향과 관련되면 아버지도 경쟁자로 여길 수 있다. 이 지점에서 우리는 오이디푸스 콤플렉스의 '완성된' 형태 속에서 그 토대^{assise}를 찾아내면서, 질투 속으로 끌려나온 '운명적인 양성애의 경향'을 이해할 수 있다(위, p. 58).

라캉의 '오이디푸스의 꼭두각시|guignol œdipien'는 아버지를 단순한 라이벌로 설정한 아이를 가리킨다. 아버지를 라이벌로 질투하는 동시에, 아버지의 사랑을 받고 있는 어머니도 질투하는 오이디푸스 속 양성애는 어린소년의 오이디푸스를 설명하기 '복잡'하게 만든다.[9] 한편, 오이디푸스의 도전을 받는 '어린 소녀'도 마찬가지로 아버지를 향한 근친상간적인 욕망의 한복판에서 어머니을 향한 원한이 빚어낸 열정을 경험한다. 이렇게 '대상이 되려는se faire objet 열정'과 원망의 활동은 중복된다.

그러므로 질투 도면 속의 감정은 더 이상 간단하지 않다. 남성의 질투에는 "사랑하는 여성으로 인한 고통이 있고, 남성 라이벌에 대한 미움도 있다. 또 무의식적으로 사랑하는 남성에 대한 애도와 함께 여성을 경쟁자로서 미워하는 감정이 뒤섞여서 작용한다."[10]

질투는 여성의 전유물일까?

비록 우리가 '전형적인' 질투 형태를 어린 남성의 오이디푸스에서 찾는다고 해도, 양성 모두 질투 형식의 절정이고 '정점'은 무의식의 여성적인 입장을 취한다는 수수께끼와 구조적으로 관련되어 있다.

흔히 여성의 질투를 '페니스 선망l'envie du pénis'과 관련해서 이야기한다. 그러나 그것은 소년과 소녀를 구분하지 않고, 아이들이라면 누구나 겪는 남근 국면phase phallique에 속한 것이다.[11] 그 때에 '유아의 성이 구조화'되고, 소녀는 자신도 소년처럼 '남근이 있다고 추정'하기 때문에, 소녀와 소년은 거세의 '동료'인 셈이다.

나는 프로이트가 여성의 질투를 아주 단순하게 페니스 선망[부러움, 시기심]과 같이 본다고 생각하지 않는다. 오히려 나는 프로이트가 그 선망의 강도에 따라 질투의 농도, 그 격렬함의 정도가 결정된다고 본다는 쪽이다. 《해부학적인 성차性差에 따른 심리적 결과들》에 실린 다음의 문장을 잘 이해할 필

요가 있다: "페니스 선망은 선망의 대상을 포기했다고 해서 사라지는 것은 아니다. 그것은 가볍게 이동déplacement해서 질투 고유의 성격을 간직한다. 질투가 성기에만 국한되지 않고 보다 넓은 기저로 융합되는 것은 분명하다. 그럼에도 나는 질투의 역할이 여성의 심리 생활에서 훨씬 중요하다고 생각한다. 왜냐하면 선망의 원천인 페니스를 그 자체가 아닌 우회된 abgelenkte[빗나간, 굴절된] 형태로 가진 여성이 보다 묵직한 심리적 강화renforcement와 결부되었다고 보기 때문이다."12 질투의 이러한 대단히 인상적인 '성격적인' 측면은 선망의 방향을 바꾸고 이동하는 남근적인 충동에서 나온다. 따라서 우리는 질투의 구조économique가 '가벼운 이동'에서 시작해서 '묵직한 강화'로 마무리되고 있음을 확인한다. 여기서 프로이트는 소녀들을 주체로 하는 《매 맞는 아이》가 자위환상의 빈도를 입증한 것에 주목하면서 환상작업의 보조를 요청한다. 그래야 다른 아이가 매를 맞는 국면이 우선적으로 형제에 대한 복수가 되기 때문이다(위, p. 114).

흔히 '시기와 질투는 남성보다는 여성들의 심리생활에 더 큰 역할을 수행하고 있다'고 한다. 남성에게 그런 것이 없는 것도 아니고, 질투가 오로지 페니스 선망에만 기인한 것도 아님에도 불구하고, 우리는 '여성들이 그것에 더 영향을 받고 있다고 생각하는 경향'이다. 이렇게 질투의 격렬한 형태를 여성적인 것으로 본다면, 그것은 단지 페니스 선망의 '부가가치'라고 할 수 있다.

• 여성에게 질투를 일으키키게 하는 것은 다른 움직임이다: 질투의 집요함은 오래 전의 어머니에 대한 미움과 사랑으로 거슬러 올라간다. "어린소녀가 엄마를 대신하기 시작하면, 그 아이는 아빠 곁에서도, 놀이에서도 언제나 엄마이다. 어린소녀는 자신에게 거부된 페니스로 인한 모욕감과 질투를 동기로 해서, 전에는 사랑했던 엄마를 지금은 미워한다."[13] 여성의 질투가 격앙되는 것을 누적된 '원한'으로 설명하는 말이다. 전 오이디푸스기의 질투에서 끌어올려진 반응이나 감정은 어머니와 결합하는 것에의 집착passion, *mutterbindung*[어머니에 대한 애착] — 우리가 거기서 발견한 것, 우리가 다른 곳에서 그것의 진가를 알아보았던 것 — 과 떼어놓고 보기 어렵다.[14]

• 사랑하는 관계에서 우리는 '선택한 남자'를 집요하게 감시하고 다른 여성들을 의심하고 경계하는 행동의 여성을 쉽게 볼 수 있다. 자기만의 '남자'가 있는 것에 자신의 모든 것을 걸

면서 자신의 여성성을 구체화시키는 여성은 사랑하는 남자를 엄중하게 감시하면서 그에게 자신의 모든 소망과 의심을 전달한다. 타자를 향한 의혹은 그 타자에게 품었던 희망에 비례한다.

그런데 질투의 표적이 된 '다른 여성'은 실질적인 경쟁자가 아니다. 그녀의 상상이 만든 경쟁자일 뿐이다. 그러나 다른 여성은 어머니를 향유하는 남근의 보유자라는 추측을 — 자매 간의 경쟁심에서 시작되어 절정에 이르는 — 구체화시키면서 거세의 위험을 증폭시킨다.[15]

- 질투는 적어도 여성성féminité의 문을 세 번 두드리는 에필로그가 딸린 삼막극의 시놉시스이다: 어머니를 중심인물로 하는 질투의 집착, 아버지를 지시대상으로 하는 페니스 선망, 남자를 향한 사랑의 드라마와 다른 여성을 향한 분노. 요컨대 여성이 질투에서 벗어나는 것은 타자와의 사랑에 빠져들어가고 있을 때만 그렇다. 여성과 (그리고 '부부관계'의 중심에까지) 결합된 질투의 격돌은 '눈덩이 효과'가 무엇인지 알게 해준다.

여성의 질투가 독성을 가지려면 다음의 세 가지가 '합'쳐져야

만 한다: 여성이 어머니를 미워하기 전에 독점하고 싶어 했다. 그리고 남자에 대한 사랑을 수동적으로 만드는 어머니에 대한 마음을 내려놓기도 전에 페니스를 탐냈다. 말하자면 히스테리에서 편집증까지의 질투는 다른 여성의 주이상스 속에서 다시 환각된 남근의 공여에 대한 보상이자 반항이 될 것이다. 그것으로 우리는 모성의 고착과 남성의 배제 욕망 사이에 있는 여성의 망상질투의 정신병리학적 각본이 가진 결과들을 알게 된다(아래, p. 161-164). 라캉은 이것을 '욕망의 그래프'에서 읽어낼 수 있는 대상 결핍의 변증법$^{\text{dialectique du manque d'objet}}$ 속에서 박탈과 욕구불만, 거세의 삼중 형태로 재분배한다. 여성이 배신에 대해 너그럽지 못한 것은 "페니스가 상징적 대체물의 형태로 여성의 거세 콤플렉스에 삽입되었기 때문에 모든 유형의 질투 갈등의 근원이 되면서, 파트너의 불륜이 그녀에게 실질적인 박탈로 느껴지기"[16] 때문이다. 그런데 남성은 대체로 불륜을 알게 된 사람이 황폐해지는 것을 과소평가하는 경향이다.

극단적인 경우, 배신에 대한 실망감이 너무나 커서, 그 여성은 자신의 경쟁자(들)에게 질투조차 할 수 없다. 그러나 가장 치명적이고 잔혹한 것은 질투를 해도 '다른 여성'이 그것을 대수롭지 않게 여기는 것이고, 함께 있지만 다른 데 마음이 가 있는 남자를 전혀 신뢰할 수 없게 되는 것이다. 이 경우 질투는 '시기심 박탈dés-envie'에 빠져서 그 대상을 '삭제한다'. 그렇게 되면 좌절된 시기심은 대상 리비도의 투입 철회와 순수한 환멸로 나타난다.

남성은 배신당했다고 느껴지면, 자신을 속인 경쟁자들의 주이상스를 상상하는 방식, 곧 욕구좌절의 형태를 지배하는 방식으로 자신의 불운을 거부한다. 그러나 배신당했거나 그렇게 되었다고 믿는 여성은 그러한 배신을 회복할 수 없는 실질적인 상실로 경험한다. 그리고 이렇게 다른 태도가 거세 앞에서의 입장을 구분한다.

이제 여성에게 이 모든 것은 아이에 대한 욕망의 문제로 재연될 수도 있고 해소될 수도 있다. 거기에 그 해결의 완전함과 불완전함이 있다. 아이는 모든 것을 되찾아준 조커-물신이기 때문에 완전하다. 그래서 어머니는 '집착으로jalousement' 아이를 지키게 만든다(이런 '도를 넘는 어머니mère abusive'는 착취하는 어머니도 될 수 있다.) 이렇게 아이는 모성을 해소시켜주었다. 그럼에도 불구하고 아이는 욕망 충족 너머에서 새롭게 형성되는 여성성의 문제를 미해결로 남겨놓기 때문에 불완전하다. 남근을 대체한 아이로써 보상받지 못한 여성에게는 그 박탈에 비례한 질투가 일어난다. 꼭 아이가 아니어도 여성은 다른 여성의 모습 속에서 긴장한 여성성의 질투를 만난다. 여성의 오이디푸스는 참담하고 쓰라린 질투의 비호 하에 전개된다. 그것은 일단 결정되면 소멸에 이르기까지 여성의 주체 인식을 위한 투쟁의 스타일로 지속된다. 이것은 여성이 '천성적으로' 질투하는 경향이라는 의미가 아니다. 그것은 여성이 질투의 불씨에 자신을 지속적으로 노출시켰다기보다, 오히려 언제든지 다시 잃을 수밖에 없는 대상에 자신의 운명을 종속시킨 사람을 의미한다고 보아야겠다.

제3부

증상과 문학을 통해 읽는 질투

지금까지 질투를 축으로 움직이는 모습들을 밝혀냈고, 무의식의 주체성 속에서의 질투의 기본 역할을 평가해보았다. 이번에는 그것의 증상을 다시 한 번 살펴보기로 한다. 보편적인 정서인 질투는 그것에 의미를 부여하고, 그래서 역으로 그것의 의미를 새롭게 밝혀주는 갈등 구조들을 통해 굴절된다.

신경증과 정신증, 그리고 편집증의 질투는 무엇을 의미할까? 그것으로 질투는 무엇을 드러내는 것일까? 우리가 질투라고 하는 것은 무의식의 구조의 각도들에 따라 굴절된다. 그런 점에서 질투는 '거세의 전략'을 고려하고 각각의 '각도들'과 판본에 따른 상이한 구조 속에서 증상을 만든다. 증상의 재발은 질투를 '질환'으로 보는 단순한 사상을 깨뜨린다. 질투의 정신병리학은 무의식이 구조되는 계기를 검토하기 위해 '병적인 질투'의 정신의학적인 개념을 넘어선다.

질투의 '무의식적인 행위'를 밝혀내는 것은 문학과 사회적인 현상으로 질투를 이야기한 것과 이중의 상관관계에 있다. 얼마나 많이 질투는 작품이 되었고 행위로 옮겨졌는지 모른다.

7

질투 신경증과 성도착

질투를 '신경증 존재양식의 꽃'이라고 하는 것은 질투정서의 흔적을 유년기에서 찾아볼 수 있다는 점, 그리고 신경증이 유년기에 고착되어 거기로 퇴행하는 방식을 특징으로 한다는 점에서이다. 그런 아이, 그런 신경증의 사람은 분명 질투하는 사람이다.

리비도가 어머니에게 쏠려 있는[1] '오이디푸스의 아이'는 (부성 父性의) 타자를 만나면서 질투 아픔을 경험한다. 따라서 우리는 신경증적인 질투를 오이디푸스적인 관계에서 온 대표적인 후유증으로 본다. 왜냐하면 기원적인 드라마에 새겨진 질투가 신경증 증상으로 지속되고 있음을 상기시키기 때문이다. 초기 유년기에 출현한 질투는 당연히 '성적인 것'과 관련된 '심리적 현상들' 가운데 '결정된 성적 대상들에의 고착'과 함께 논리적으로 증명된다.2 따라서 질투에는 신경증의 만성적인 특징들이 나온다. 신경증은 질투를 표현하는가 하면, 질투의 '전형적인' 형태에는 신경증적인 성향이 있다. 왜 그럴까? 먼저 히스테리와 강박증의 이중 맥락을 검토하면서 그 이유를 생각해 보기로 한다.

동일시에 의한 질투

질투는 눈에 보이지 않는 전염 효과를 가진 히스테리의 동일시를 설명할 수 있는 것과 같은 장면에서 이루어질 수 있다.

"기숙사에 사는 한 여학생이 비밀스럽게 사랑하는 사람의 편지를 받게 되고, 거기에는 그녀의 질투를 자극하는 내용이 있었다. 이에 그 여학생은 히스테리적인 발작으로 반응했는데, 거기에 그녀의 친구들 중 몇몇이 심리적 감염의 방식으로 그 발작을 따라했다."3

위의 사례가 중요한 이유는 '감정적 공유'가 '똑같은 상황에 놓이기를 원하거나, 혹은 놓일 수 있다'는 것과 같은 '동일시가 아니고서는 일어날 수 없다'는 사실을 지지하고 있기 때문이다. 그러나 이 사례에서 '똑같은 상황'이라는 것이[4] 단순히 질투에 관한 것인지 그 자리에 없는^{absent} 연인이 보낸 편지를 받은 데서 온 정서인지는 확인할 필요가 있다. 다른 여학생들은 왜 같은 반응을 보인걸까? 그것은 기숙사의 다른 여학생들도 '비밀스런 연인 관계를 가지고 싶어했고, 금지된 것을 바라는데 대한 죄의식이 의식에 영향을 미쳐서, 학생들에게 그것과 연결된 고통을 '감수하게끔 만들었기' 때문이다. 우리는 질투와 죄의식 사이의 끈끈한 연관성을 확인한 바 있다. '기숙사의 광기!' 그것은 한 사람의 질투를 구성원들 각자가 자신의 것으로 느낄 수 있어서 가능했다. 이것이 여학생들이 집단적으로 질투의 아픔을 느낄 수 있었던 이유이다. 이것은 또한 질투가 '전염성 있는' 정서이고 집단적인 질투발작에서는 자기 자신을 속일 필요가 없다는 것도 보여준다. 이런 정서 자체가 공유된 자아, '겹쳐진 자아'로, 여기서는 '공동 관리된' 환상으로 지탱되기 때문이다. 그래서 [집단은] 타자가 그린 환상의 초안 속으로 슬쩍 들어가서 감정을 극적으로 표현하는 경향이 있는 히스테리적인 연극중의 소동 속에서 자기 역할만 하면 된다.

내게 없는 것을 가진 '다른 여자'
히스테리의 질투

정육점 안주인의 꿈에서 드러난 환자의 욕망은 히스테리의 미로와도 같은 질투를 아주 잘 보여준다. 그녀가 불만족스러운 대상이 필요하다는 것을 알리기 위해 필요한 대상인 아주 맛있는 '캐비어[풍요로움의 상징]'는 제삼자로서 이 구조에 동원된다. 남편의 사랑과 욕망, 그리고 살뜰한 보살핌까지 받고 있는 이 여인은 굳이 누군가를 질투할 만한 이유는 없다. 그럼에도 불구하고 날씬한 친구에게 집중된 정육점 주인인 남편의 정중하고도 감탄어린 눈길은 캐비어 꿈이 의미하는 요구와 연결된다: "그 환자가 꿈속에서 자신을 친구 자리에 놓음으로써, 그리고 증상의 창조를 통해(거부된 욕망) 친구에게 동일시됨으로써, 친구에게 질투를 표현하는 (그녀도 다른 데서는 스스로 억지라고 인정하는) 그녀는 히스테리적인 사고과정의 규칙만 따르고 있다."[5] 그녀의 남편은 단 한 번도 심각한 배신을 시도하지 않았다. 그는 아내에게 아주 만족하고 있다. 그러나 '무엇인지 알 수 없는' '색다른 것'을 지닌 다른 여자에게 시선이 가는 것은 어쩔 수 없다. 그리고 이 구별된 시선이 꿈을 일으키는 모든 조각들로 만들어진 질투를 폐색시킨다.

히스테리의 질투는 동일시로써 쉽게 실행된다. 최고의 남근으로 인정된 '연어' — 식사를 위해 꿈에서 준비한 먹을 수 있는 유일한 요리 — 쪽에 '다른 여자'가 자리를 잡는다. 그리고 남편의 주변을 맴돈다. 그러나 남편은 두 여자 사이의 내기 같은 것일 뿐이다. 부인에게 없는 게 있다면, 그것은 결핍이다. 요컨대 그 부자 여성이 질투하는 것은 자신에게는 없는 가난한 여성 버전이다.[6] 왜냐하면 그것이 비록 남근적인 대상들의 급級을 낮추는 것 같아 보이기는 해도, 확실히 남성의 환상을 집중시키기 좋기 때문이다. 삶과 욕망에서 부유한 여인이 오히려 남자의 시선을 끌고 있는 부족한 것 많은 여성을 시기한다.

'질투는 욕구'일까? 강박적 사랑일까?

강박의 영향을 받은 '남성의 특별한 대상선택'을 검토하면서, 프로이트는 질투의 구성요소를 찾아낸다. 프로이트는 남성에게 선택된 여성은 누군가의 것이어야 하고 저급한 품격에 평판도 나쁘지만, 자신이 구원의 손길을 뻗기만 하면 이상적인 여성으로 바뀌는 여성이어야 한다고 적고 있다. 그런 여성이라야 관심과 욕망의 대상이 된다는 말이다. 그리고 질투는 이렇게 선정되었다는 데에서 나온다. 따라서 질투는 노골적으로 묘사된 '창녀에 대한 사랑'처럼 나쁜 평판과 저급한 품격이라는 조건이 언급되는 순간에 떠오른다. "그런 연인을 향한 질투의 활동은 욕구besoin와도 같다. 남성들이 가장 강력한 감각의 체험을 얻게 해주는 경우를 절대 놓치지 않고 여성이 자신의 온전한 가치를 얻는 것은, **그들이 절정에 달한 열정으로 질투하고 있을 때 뿐이다.**"[7]

이런 질투는 보편적으로 대상선택에 수반되는 경우이지만 절대적으로 그것을 **결정짓는** 일반적인 경우는 아니다. 선택되는 여성은 두 남성 사이에 있어서 질투를 부르는 힘을 가진 여성이다. *Betätigung der Eifersucht*[질투 실행]이란 표현이 있는데, 그것은 질투가 열심히 대상선택을 위한 활동을 하기 때문이다. 그리고 흔히 만날 수 있지만 '특별'한 그 이상한 연인이 좋아하는 대상은 이미 다른 사람의 연인이다. 그에게 질투를 자극했던 '강한 감각들'은 '자극적인 것' 이상이다. 그가 질투를 하고 있는 이상, 그녀는 매혹적이다.

'낯선 사람'에 대한 경계
공포 아우리의 질투

누가 질투하는 사람이 될 것인가? 조금 이상하기는 해도 질투의 방향은 이미 공인된 사랑의 관계에 있는 남편이나 부인 쪽에서 사랑하는 사람의 인생 속에 갑자기 끼어든 낯선 사람을 향한다. '쳐들어 온 제삼자'는 새로이 선택되어 타자의 대상이 되었기 때문에 공인된 사랑의 관계에 있는 라이벌 타자에게 너그러워질 수밖에 없기 때문이다. 그러므로 노여움과 질투의 상대는 '새로 들어 온 사람'이 된다. 질투는 우리에게 새로운 것을 싫어하거나, 혹은 '낯선 사람'에 대한 뿌리 깊은 불신을 알게 해준다(형제관계에 관한 글 참고. 위, p. 104 sq.). 그러나 보다 근본적으로 전체적인 상황은 낯선 사람이 이미 맺고 있는 관계를 헤쳐 놓는 것, '공인된' 관계에 있는 사람과 경쟁하면서 한쪽으로 향하던 사랑을 나누어 놓는 것이 된다.

그래서 질투를 부르는 사람은 '집착이 일어나는 순간에 이미 거기에 있는 사람들'이 아니라 '새로이 선택된 사람들'이다.[8] 비엔나정신분석학회에서 프로이트는 흥미로운 임상을 예시하면서, 이방인의 역할에 대해 말한다.

"아버지를 질투하고 있던 세 살 난 어린 소년이 어느 날 그의 집을 방문한 낯선 손님에게 질투심을 느낀다. 그 소년은 어머니를 무척 사랑했고, 그 방문객은 그들 관계의 시험용으로 이용될 수 있다."[9]

가장 노골적인 질투의 표적은 가족에게는 달갑지 않는 낯선 '손님'이 된다. 그런데 이것을 잘 들여다보면, 거기서 아이는 자신의 가장 중요한 라이벌이면서 함께 가장 중요한 내기를 하고 있던 인물인 아버지를 보호하고 있음을 알 수 있다. '가족 소설'[10]은 처음 본 사람의 유혹에 넘어가서 지켜야 할 것을 저버렸다고 추정된 어머니를 비난한다. 아버지를 경쟁자로 여기고 있음에도 불구하고, 아이는 적법한 관계에 있는 아버지의 입장에 동일시된다. 그래서 아이는 손님의 감시자를 자처하고, 그 사람이 어머니와 함께 있지 못하게 막으면서 가족의 일원인 어머니의 몸을 지켜낸다. 물론 오이디푸스의 어린 소년은 질투하는 사람이다. 그렇지만 그는 아버지와 공동 전선을 펼치면서 가족 내에 흐르는 질투의 정서를 외부 사람에게로 이동시켰다. 마치 아버지와 아들이 같은 질투의 경각심으로 결속한 것처럼 말이다. 질투 자체를 통해 아이는 가족 신전의 수호자가 되고, 질투는 가족에 대한 충성심을 드러내는 형식이 된다.

강박증적인 사람은 확실히 소유에 대한 본능이나 재물에 대한 *Habgier*[탐욕]과 *Habsucht*[욕심], 그리고 재물에 대한 갈망이 ─ 항문기의 고착과 상관있는 ─ 있다. 프로이트는 이런 경향을 늑대 인간의 사례에서 (금전 문제 쪽에서 어머니에 이어 여동생에 대한 비뚤어진 질투를 통해) 보여준다.[11] 그러나 우리는 어떻게 그가 우회된 방식으로 그런 강한 독점욕을 조정해서 충족시키며 살아가는 방식을 찾아내는지 알고 있다. '질투의 규칙'은 항문기의 강력한 독점욕과 '관대함'의 콤플렉스 중간에서 행해지기 때문이다.

거기서 우리는 질투정서가 공포증 느낌으로 된 사람을 만난다: 공포증을 가진 사람처럼, 질투하는 사람에게 억압된 것은 거세의 형상이고, 그것은 주체가 마주한 현실로 되돌아온다. 라캉이 공포증의 아이에게서 거세하는 아버지의 반복적인 소환을 확인한 것은 우연이 아니다: 그 순간의 아이는 "그에 대한 원한에 사무쳐서 그를 거세하는 아버지, 즉 질투하는 신의 질투를 — 성경은 *eifern*[열망하다]으로 적고있다 — 만나야 한다는 거역할 수 없는 욕망으로 불타고 있음"[12] 을 보여준다. 이것이 '질투하는 신'의 상징에 담긴 의미이다(아래, p. 217-220).

강박증적으로 질투하거나 불가능한 것을 욕망하거나

이것은 불가능의 영역으로서 강박증적인 삶의 질투를 복잡하게 만든다. 질투는 주체가 자신의 욕망이 아주 낯설게 느껴진다고 생각하기 시작할 때, 강박증의 심리생활 속으로 편입된다. 그때부터 확실하다고 추정된 타자의 욕망이 불확실해져서 탐색해야 한다는 욕망의 동력을 보강한다.

라캉이 욕망의 '불가능성' 조항을 강조하는 것도 바로 그 지점이다. 강박증자는 죽음에서 동맹과 해답을 찾는 사람이라고 할 수 있다. 라캉은 햄릿에서 그 점을 읽어낸다. 그에 따르면, 오필리아가 햄릿의 사랑하는 대상이 된 것은 죽은 그녀가 물에 떠내려가는 장면에서, 그리고 무덤에 반듯이 누워있는 그녀를 두고 슬픔에 잠겨있는 오빠의 장면에서였다고 한다. 그렇게 햄릿의 욕망은 경쟁심의 폭발로 활기를 띤다. 햄릿을 뜨겁게 한 인물은 레어티즈, 무덤 앞에서 슬퍼하고 있는 죽은 여인의 오빠였다. 주이상스의 조종弔鐘 같은 무덤에서 질투의 시작을 알리는 고동이 되어 그의 귀에 울린다. 라캉은 중요한 세미나에서 라가슈Lagache를 인용해서 욕망과 애도의 연결 지점을 공식화한다.[13] 애도와 질투를 결합시킨 '남근에 대한 애도'의 개념은 프로이트의 정신분석을 과격하게 만들 수 있다는 위험에도 불구하고, 우리는 그것이 프로이트에서 한 걸음 더 나아간 정신분석의 질투 논쟁 속에 등록된 것을 주목해야 한다.

불가능한 것과 욕망의 만남을 기획하는 강박증의 욕망은 옹
색할 수밖에 없다. 물론 누구에게든지 욕망은 불가능한 것이
라는 특징이 있다. 그러나 강박증은 욕망의 시니피앙을 만나
도록 조치한다.[14] 따라서 강박증자는 애도의 예복을 입고서
가장 성대한 사랑의 만남을 연출하고, 우리는 이것을 강박증
자의 연애 임상에서 어김없이 만날 수 있다. 묘지라는 장소가
질투 장면에 어울리지 않는 것 같아도, 그것은 죽은 유해가
사랑의 대상과 대등한 가치를 지니는 장소로서 강박증적 욕
망의 무대로는 썩 잘 어울린다.

프로이트는 고고학자 노베르트 하놀드와 그의 약혼녀 그라디
바의 관계를 자세하게 묘사하면서, 생사와도 상관없는 대상
을 겨냥한 차원의 질투를 대단히 잘 파악해냈다. 그는 사람들
이 폼페이에서 '꼭 끌어안고 있는 젊은 연인 커플을 발굴'했
다는 말을 듣는다. 그리고 그는 '꿈처럼, 잠자기 위해 같은 구
역에 누워있는 약혼녀를 보았다.' 거기서 그는 유물 같은 아
주 이상한 망상을 구성한다. "그녀는 혹 자신과 함께 죽으려
던 누군가를 찾지 못했던 것은 아닐까?" 프로이트는 "아마도
우리가 질투와 비슷하다고 생각할 수 있는 괴로운 감정이 이
런 가정에서 나왔다"고 해설한다.[15] 이것이 용암 속에서 포옹

Umarmung[성교]하고 있는 놀라운 커플을 보면서, 지체 없이 불려나온 고고학자의 '망상질투'에서 파악된 것이다. 그는 나중에 자신의 가정을 수정해서, "질투는 소재를 붙잡는다"[16]고 한다. 그 증거로 질투는 거의 죽어가는 대상을 겨냥할 수 있으며, 질투가 정점에 이르는 것도 바로 거기서이다.

질투의 성도착적인 특징

질투는 신경증의 진수이다. 그래서 성도착적인 신경증의 움직임으로 이해되고 고려될 수 있다. 그것은 타자에 대한 힘의 의지를 나타낸다. 그와 함께 죄의식을 방패삼은 억압의 현실이다.

성도착증자는 지배력을 행사하기 위해 질투하고, 그러면서 함정에 빠져든다. 우리는 동생을 '귀여워하는' 부모를 보면서 갖게 된 내면의 질투에서 그리고 아버지에 대한 기대가 무너지는 것으로써 어떻게 여성 동성애자[17]가 되는지 알고 있다. 물론 우리는 형제들과 경쟁하는 것도, 아이를 갖고 싶어하는 것도 모두 시기심envie의 작품임을 알고 있다. *Versagung*[거절,

포기]에 직면해서, 그녀는 자신이 혼신을 다해 — 실제로 '궁중 '기사들이 섬기는' 방식으로 — 지킨 큰대상^{Objet}, 성모^{Dame}를 향해 나아간다. 또한 우리는 '질투'의 시니피앙이 그러한 역사 속에서 꽃피웠음도 기억한다(위, p. 15-16). 여자아이에게 아이는 페니스와도 같다. 그런 아이에 대한 강한 선망을 여자아이는 아버지에 대한 요구로 조정했다. 그리고 자신이 선택한 것[아버지]에 자신의 모든 것을 걸고 매달린다. 사람들이 말하는 '성性의 전쟁'[18]은 실제 관계로 복귀한 여성과 남성의 남근을 건 도박의 폭력적인 결과이다.

환상은 마조히스트('매 맞는 아이')의 본질로서, 성도착적인 특징을 가진 질투의 각본을 각자의 신경증으로 구현한다는 점에서 중요하다(위, p. 114-115). 또한 우리는 본래적인 의미에서의 성도착적인 마조히즘이 어째서 지배와 굴복의 주이상스와 쾌감을 수단으로 하는 질투를 통과하면서 해결되는지 알고 있다. 따라서 '매 맞고' '오쟁이 진', 그러나 '만족한' 마조히스트는 자기비하를 통해 주이상스의 장치를 준비한다. 질투와 관련 없는 위의 세 개의 조합 속으로 들어간 마조히스트. 그는 나르시스적으로 조작한 것을 통해 그가 보기에 '시기할 만한' 지위에 있는 학대하는 커플의 찌꺼기 같은 주이상스로

자기 자신을 구성한다.[19]

질투와 전이

질투는 신경증의 꽃이다. 그리고 그 작용은 전이를 통해 재연될 수 있다. '전이 신경증'[20]으로 변형된 신경증은 기원적인 질투를 구현한다. 분석 상황에서 전이는 신경증의 증거가 되고, 기원으로서의 질투를 생체 내에서 이루어지는 반응*in vivo* 장면으로 재연할 수 있는 능력이 있다. 전이에서 반복되는 것은 신경증의 기원으로서의 '심리적 태도들'과 '경험들'의 총체로서 발현된 기원적인 환상과 추억들이다. 질투는 전이를 통해 그 모습을 드러내게 되지만, 그보다는 전체적으로 '개인적인 삶의 역사의 중심'에서 극적인 분출이 있게 된다.[21] '전이의 사랑amour de transfert'[22]은 이런 차원의 질투를 수행하고 있다.

프로이트는 분석가가 전이 상황으로 환자의 모든 욕동 갈등을 재생시키려 해서는 안 된다는 주의를 주면서, 재생 가능한 욕동 중 하나로 가장 자주 질투를 언급했다: "예를 들면, 우리는 그를 질투하게도 할 수 있고, 그에게 사랑의 환멸을 맛보게도 할 수 있다."[23] 그러나 이는 어떤 '기법상의 의도' 없이 '이 같은 일이 대부분의 분석에서 자연스럽게 벌어지고 있음'을 강조하기 위해서 한 말이다. 따라서 질투는 자발적인 전이에서 나온 전형적인 기초정서 자체라고 할 수 있다. 그러나 우리는 이 문장을 페렌치와 같은 '적극적인 분석' 이론가들이 권장하듯이 질투를 유발시키라는 것으로 읽어서는 안 된다. 그것은 신경증적인 상황과 그것의 반복된 전이에서 입증된 질투의 존재와 힘을 확인할 수 있는 방법이라는 것이다. 요약하면, 질투는 전이의 대상, 곧 신경증의 원천들을 가진 모범사례로 아주 특별한 부활의 능력을 부여받은 정서이다.

# 8

질투 정신증

질투는 망상^{délire}에서 나온다. 그러나 지금은 형태학적인 개념 (위, p. 73 sq.)인 '망상질투'을 넘어서, 질투정서와 정신증 구조의 결합을 이해하는 것, 즉 정신증을 이해하기 쉽게 설명하는 질투로 바꿔서 성찰하는 것이 필요하다. 그것은 뿌리가 같은 '망상질투'와 정신증의 구조를 현실화한 것으로서, 질투 속에 다소간 포함된 '망상적인' 성격을 검토하게 한다.

질투와 편집증

우리는 망상의 경계로서의 질투와 그것의 정신증 형태인 편집증 사이의 연결지점을 알고 있다. 라가슈가 지적한 것처럼, 질투는 "편집증적인 심리생활의 구성 양식과 선택적 유사성을 갖는다."[1] 이 말은 완곡한 표현임에도 나란히 놓인 편집증과 질투가 서로 통하는 성격이 있음을 완곡하게 인정한다.

질투하는 사람은 박해 당한 '어린 사람'이고, 박해 망상과 질투 형식은 아주 가깝다.

그런데 편집증적으로 표현된 질투는 죄의식과는 아무런 관계가 없다. 정상적인 질투나 신경증적인 질투에서 은밀하게 가동되는 죄의식은(위, p. 51-52), 타자에 대한 규탄으로 대거 교체되는 정신증에서는 설자리가 없다. 동성애의 소망을 거부하는 양식으로 형성된 다량의 죄의식이 정상적이거나 신경증적인 질투를 움직이게 한다면, 편집증적인 질투에서의 죄의식은 투사를 통해 대거 추방되면서 *Verwerfung*[거부, 배척]된다.

한편, 주체 없는 질투, 박해망상이 겨냥한 대상은 동성同性의 대상이다. 따라서 이성異性에 대한 질투는 동성에 대한 시기심의 측면일 수 있다.

알코올 중독과 '망상질투' 폐제의 결과

정신의학은 사람들이 알코올 중독과 망상질투가 서로 연관성이 있다는 생각을 전혀 하지 못했을 때, 처음으로 그들의 상관관계를 거론한다(위, p. 27-28). 먼저 프로이트의 초기 정신병리학적인 통찰부터 그러한 (알코올) 중독과 편집증적인 정신증의 관계에 관한 생략된 정보로부터 시작해 보자. "알코올 중독자는 [술을 마신 행위와 알코올 작용을 별개로 생각한다. 그래서] 자신이 성불능이 되었다면, 그것은 술을 마셨기 때문이 아니라 알코올 때문으로 본다. 그들은 알코올 때문에 그렇게 되었다는 것보다, 자신이 술을 마셔서 그렇게 되었다는 시각이 더 견디기 힘든 것 같다. 그런데 망상질투에서도 (…) 모든 것은 여자 탓이라고 한다."[2] 우리가 이런 것을 유추하게 된 것은 '주이상스의 수단이 금지도 해제하고 승화도 퇴행시키는'

상황을 상기시키는 〈알코올 중독과 망상질투〉에 관한 슈레버 사례의 논문 속이다. 그런데 이런 것이 무의식적인 동성애에 대한 방어기제가 하는 일이다: "여자에게 실망한 남자들이 술을 마시는 일은 흔히 볼 수 있는 풍경이다. 그러나 그것은 대개 그가 선술집에 가서 남자 무리들 속에서 그가 느끼지 못했던 감상적인 만족을 얻기 위함이다."[3] 남자들이 술친구들과 어울려서 편하게 '부인들'에 대한 불평을 하는 것도 대개 그런 선상에서의 일이다.

그러나 알코올 중독은 리비도적으로 강화되는 동성애로부터 자신을 지키기 위해 생겨난 것으로서, 남자들과 어울리는 모든 여자들을 비난한다. 흔히 어떤 남자가 [술에 취해서] 여자를 때리는 경우, 그는 알코올에 중독된 질투로 성적 장애impotence를 규탄하는 중이다. 여기서도 성적 장애가 투사로써 공격성으로 가는 형식을 만난다.

정신증과 알코올 중독의 연결 관계를 통해 드러난 것은 부성父性과 그것의 폐제라는 본질적인 지점이다. 실제로 알코올 중독자는 현실에 눌러 앉히려는 의지와 부성父性으로 인해 포기한 사람이다. 그리고 그것은 아버지의 이름에 대한 불확실성과 '젖을 먹던' 공상적인 어머니 품에의 의존성이라는 이중효과에서 시작된다. 알코올 중독자는 이유離乳의 어려움과 아버지 탄핵 — 부인을 차지하고 그녀에게 아이를 갖게 하기 위한 사명을 가진 동지frère, 동료fraternel 탄핵의 효과를 가진 — 사이에서 오도가도 못하고 있다. 이런 논리를 맬콤 라우리의 《화산 아래서》가 아주 잘 풀고 있다.[4]

분열에서 정신증까지
여성의 망상질투

남성과 여성의 질투하는 지점의 차이를 고려할 때, '질투하는 성le sexe jaloux'(위, p. 131 sq.)에서 망상질투Eifersuchstwahn[잘못된 생각을 찾아내고 거기에 집착하는 열성]의 계기를 설정하는 일은 중요하다. 우리는 정신의학과 정신분석의 구분을 쟁점으로 하는 정신분석 수업 과정에서 우연치 않게 거기에 대해 세밀하게 관찰된 사례를 발견했다.[5]

그것은 군인 사위에게 이끌려서 프로이트의 진찰을 받게 된 53세 여성 이야기이다.

그녀는 아주 큰 공장의 공장장 부인으로, 그녀는 '믿을 수도' '있을 수도' 없는 대재앙과도 같은 사건이 — 그녀가 받은 익명의 편지에서 알게 된, 성실한 남편과 젊은 여사원과의 부적절한 애정관계 — 일어나기 전까지 삼십년 간 부부로서 완벽한 행복을 누려왔다. 그러나 그녀는 그런 모함의 편지를 비웃고 일축하는 남편에게 크게 실망한다. 이후 그 편지는 자신과 같은 계층 출신이지만 자신이 선망했던 성공을 거둔 데다, 건방져 보이는 부인의 태도를 미워했던 가정부의 질투가 빚은 소행으로 드러났다. 문제는 그 선량한 부인이 이성적으로는 그 일의 경위를 잘 인식하고 있었음에도 불구하고, 거짓으로 꾸며진 불륜 여성의 이름을 듣기만 해도 그녀를 향한 질투심이 타오르는 것을 어찌지 못한다는 점이다. 그리하여 이 거짓 진술 사건은 전형적이고 집요한 '망상질투'의 결정체가 되었다. 거짓인 줄 몰랐다면 그 상황 자체는 주체에게 당연히 배신당했다는 생각이 들 수 있다. 그러나 프로이트는 위 사례의 부인처럼, 거짓임이 밝혀진 상황에서도 거기에서 헤어나지 못하는 이유를 밝히는데 힘쓴다.

그것을 위해, 먼저 그 이야기의 정황을 살펴볼 필요가 있다.

일단 그 부인은 자주 가정부와 이야기를 했다. 그런데 그 가정부는 불륜과 같은 소문을 잘 주워듣고 또 잘 퍼뜨리는 사람이었다. 어느 날, 부인이 가정부와의 이야기 중에 "내 남편이 그런 불륜을 저지른다면 너무 끔찍할 것"이라는 자신의 두려운 속내를 내비쳤다. 그리고 그 다음 날, 우연처럼 그녀가 가장 두려워했던 내용이 담긴 편지를 받는다. 이 밀서의 배후를 알아내기 위해 특별한 지혜가 필요치 않음에도 불구하고, 그 여인은 주입된 (잘못된) 생각을 떨쳐버리지 못해서 자신의 생각과 행동을 지배하게 만들었다. 마치 그런 암시를 기다리기라도 했던 것처럼, 그녀는 망상의 방식으로 자신의 자아를 온통 사로잡은 그 생각에서 벗어나지 못했다.

프로이트의 연구에 따르면, 그 여인은 익명의 편지에 너무 쉽게 '조종'된 것 같다고 한다. 그리고 그는 이 나무랄 데 없는 여인이 사위에게 — 마치 장모의 병을 알고 있었다는 듯이 그녀를 프로이트에게 데려온 — 이끌리고 있는 감정을 파악했다. '품위 있는' 여성으로서 비난받아 마땅한 생각은 당연히 의식으로 떠올라서는 안 된다는 그녀의 소신에 맞춰서 자신의 욕망을 부인한다. 여기서 우리는 질투를 구체화하는 투사 과정을 확인할 수 있다(위, p. 62 sq.): 그녀의 질투는 남편의 배신이라는 너무나 고통스러운 생각에서 일어난 것이지만, 그것은 사위에게 매혹당한 그녀의 수치심을 덜어주는 역할을 하고 있다. 프로이트는 이를 두고 "남편의 불륜 환상은 불에 덴 상처에 붙인 새 반창고 같은 거였다"로 비유했다. 여기서 상처는 그래서는 안 되는 것을 욕망한 '잘못'이 부추긴 죄의식이다. 이것이 그 여인이 그 모든 논리적인 설득에도 불구하고 일단 고개를 든 생각에서 고집스럽게 벗어나지 못했던 이유다. 망상질투는 정신의학이 반복해서 강조하는 것처럼 유전적인 성향 때문이 아니라, 욕망과 관련되어 이루어진 형성물이다.

이 탁월한 사례는 욕망의 거부가 망상으로 변화하는 순간을 기록하고 있다. 루드 맥 브룬스위크는 《망상질투의 분석》[6]에서 위 사례와는 반대 상황에서 피어난 결혼한 지 16개월 되는 삼 십세 여인의 망상질투를 그려낸다. 그 젊은 여인은 자신의 계모, 그러니까 아버지의 두 번째 부인과 자신의 남편이 애정관계에 있다고 의심한다. 이 이성애의 질투발작 이면에서 애착관계에 있는 동성同性의 자매를 통해 어머니와의 관계가 어떠한 지를 드러내고 있다. 브룬스위크는 이 사례 보고서의 참고문헌이 된 자신의 초기 논문 '여성이 되어가는' 길에서 어머니와의 관계*Mutterbindung*[어머니와의 애착]에 대한 구조적 이해를 강조한다.[7] 이러한 여성의 망상에서 전 오이디푸스기에 고착된 어머니-자매 관계의 중요성을 알게 된다.

질투행위

질투 편집증의 논리는 증상-행위acte-symptôme가 된다. 마리 보나파르트가 분석한 며느리를 향한 마리-펠리시테 르페브르의 만성적인 질투[8]와 라캉이 소개한 여배우(위게트 뒤플로)에게 표출한 여성 편집증자(에메)의 극대화된 질투 행위[9] 등은 모두 질투의 존재를 역설적으로 증명하고 있다.

시어머니 마리-펠리시테는 기분 좋게 드라이브하던 중에 며느리에게 아들을 빼앗기고 밀려난 것 같은 느낌의 질투를 폭발시킨다. 그 때, 그녀는 권총으로 자신의 질투를 행동으로 옮기는 것 말고는 달리 할 수 있는 게 없었다. 우울증적인 두려움에 사로잡힌 그 여인은 자기 가족을 (그녀가 소유한) 하나의 물건으로, 며느리 앙투아네트 뮐르를 그 물건에 끼어든 이물질로 생각한다. 그렇게 그녀는 며느리를 불신하면서 증오심을 키워왔다. 가장 치사해질 수밖에 없는 금전 문제로 이동된 증오심은 그녀와 그녀의 재산을 '너무 많은 소스 속 달걀'이라고 비하한다. 그런 질투를 정신분석가 마리 보나파르트는 피해와 동일시된 '호소망상 délire de revendication'으로 본다. 특히 신앙심이 깊은 가정에서 성장한 어머니는 어린 시절 남동생에 이어 원치 않았던 여동생이 태어났을 때의 피해의식을 되풀이하고 있었다. "어린소녀가 네 살일 때, 그녀는 새로 태어난 여동생을 자신과 남동생이 살고 있는 작은 집에 끼어든 불청객으로 생각했다." 그녀는 여송연 상자에 병아리를 넣고 기도를 올리며 땅에 묻는 세귀르 백작부인의 모델이 된 소녀들을 떠올리게 하는 남매의 놀이를 주도한다. 남동생과 공모한 그 예식에서, 그녀는 정신분석가가 '여동생의 죽음에 대한 욕망'의 표현이라고 하는 공식 집례자 역을 맡는다. 그녀는 며느리의 임신을 어린시절 어머니로부터 받았던 재앙의 재현으로 느끼면서 폭력적이 된다. 그녀의 기원적이고 '본능적인 적개심'은 며느리가 '약간만 살이 쪄도' 치명적으로 움직이기 시작한다. 1925년 8월 26의 마리 보나파르트가 호소행위의 양식으로 선택한 권총은 남근을, 며느리를 겨냥한 총격은 절정에 달한 남근을 건 내기를 상징한다. "어머니에 대한 질투는 대단했던 것 같다. 그녀는 갓 태어난 거세 콤플렉스와 절정에 달한 오이디푸스 콤플렉스의 영향으로, 어머니를 대신하기 원했다.” 또한 '새로 들어온' 가족, 거북살스러운 며느리에 대한 질투는 '어렸을 때 그녀의 두 동생을 임신했던 어머니에 대한 아주 오래된 반응의 재현'처럼 보인다. 그녀가 교살당하거나 익사당하는 악몽으로 인해 잠들지 못하는 고통스러운 상황인데도 어머니가 질투하는 여인처럼 보였다면, 그것은 근친상간적인 의미signification를 갖는다. 질투행위로 마음의 무게를 덜어낸 그녀가 감옥에 갇힌 다음에 아주 깊은 잠에 빠진다. 이렇게 남근을 소지한 다른 여성은 약탈의 망상을 체계화시키는 작용을 한다. 그녀는 사람들이 자신에게서 아들의 페니스를 '훔쳐간' 것을 견딜 수 없었다. 여기서 우리는 삼자 관계(어린 그녀-남동생-여동생, 엄마가 된 그녀-아들-며느리)가 반복됨을 확인할 수 있다. 또한 그녀는 초자아의 명령들에 따라 가정에서 '자신의 의무를 다하고 있다'고 느낀다. 마리 보나파르트는 정신증 환자를 참고로 '오이디푸스의 범죄'에 대해 말한다. 그리고 그 사례를 다시 읽은 라캉은 두개의 거울로 가져가서 충격과 관련한 르페브르 부인의 범죄의 의미를 '치정에 의한 자기 파괴'로 정리한다.

'에메Aimée 사례'에 접근하는 라캉은 '편집증적인 주제들'이 줄

지어 나오는 망상 속에서, '박해의 주제들'이 망상 특유의 피해나 질투의 개념으로 해석되고 표현됨을 확인한다.[10] 에메에게 해를 끼치는 전형적인 '다른 여성'은 그녀의 유산에 원인을 제공했다고 추정된 동료였다. 그러나 엄마가 되고 난 다음에는 '대중의 사랑을 받으며 호화로운 생활을 하고 있는 유명한 여성', 여배우에게로 이동한다.[11] 에메가 당하는 박해의 주제는 아이에 대한 위협에 집중되어 있다. 이것은 질투의 측면에서 쟁점이 된 자신의 여성성의 손상과 관련된 문제이기도 하다. 한편 라캉은 여배우를 향한 공격이 있기 전에 부부 관계에 '불화를 드러내고 표현하는 수단'으로 '질투가 원인이 된 불평들'이 있었는지를 찾아내는데 공을 들인다. 그리고 라캉은 그가 막 번역한 프로이트의 문구를 떠올린다: "결국 이것은 질투의 한 유형, 프로이트의 표현대로라면, **투사 질투**^{jalousie} $^{de\ projection}$다."[12] 그리고 그 질투가 공연장을 나서는 여배우에게 폭발하게 될 망상적인 질투$^{jalousie\ délirante}$의 계기가 된다. 게다가 여배우의 후원자로 그 사건에 영향을 미쳤던 웨일즈 왕자의 모습에서 색정광적인^{érotomaniaque} 집착도 확인할 수 있다. 누가 봐도 그 스타는 너무 완벽했기 때문이다.

투사적 성격의 질투정서는 비논리적이고 광적인 행동을 할 수밖에 없게 만들어서, 망상의 결과는 '정당방위'처럼 보인다. 혼란스러운 신경증과는 대조적으로 망상증 환자는 아주 명쾌하기 때문이다. 우리는 그가 이미 '신호들'을 충분히 받았고, 또 어떤 '신호'는 반격해야 할 정도로 너무 강해서, 자신을 안심시키기 위한 행동으로 넘어간 것이 아닌가라는 예측을 할 수 있다. 죽음을 부른 르페브르 부인과 그 정도로 심각하지 않은 에메의 행위는 결과는 서로 다르지만, 두 사람 모두 행위 이후의 정서는 평화로웠다. '다른 여자'에 대한 히스테리적인 사랑의 적대감(위, p. 144-147)과는 달리, 정신증의 고장 난 환상은 '적의 신체'에다 쏟아내는 공격성을 여과시키지 못한다.

그렇게 질투정서는 상쇄될 수 있다. 르페브르 부인은 아들을 빼앗아 간 며느리를 향한 뿌리 깊은 미움을 단 한 번의 충격적인 행위로써 거의 다 표현했다. 이것으로 질투는 행동한다는 프로이트의 주장이 공고해진다. 그러나 질투행위는 집요하고 가차 없어서 조화로운 경험이라고 할 수는 없다.

색정광
작동되지 않는 질투

색정광érotomane — 여성에게 지배적인 병리 — 은 사랑받고 있음을 확신하는 망상으로, 작동되지 못하거나 맹목적이 된 질투는 증상이 된다. 큰타자의 절대적이고 지고한 의지에 따라서 사랑받고 있다는 확신에 찬 견고한 망상은13 히스테리의 '작은' 질투로는 잦아들지 않는다. 그런 여성은 '신비한' 사랑의 관계가 이루어져도, 언젠가는 큰타자의 명령에 따라 이사해야만 하는 계약기간이 만료된 세입자처럼 유예된 하루하루를 매달려서 살아간다. 그녀는 아무 것도 아니며, 그래서 자신을 낮추는 질투조차 필요치 않다. 레베카 웨스트 사례14 와 관련해서 프로이트가 밝혀낸 오이디푸스 시나리오와는 — 하녀 자격으로 집 안에 들어와서, 합법적인 거주자를 물러나게 한다는 젊은 히스테리 환자의 환상 — 대조적이다.

'애인에게 버림받은 분함'을 표현해야 하는 상황에도, 생정광은 질투를 할 수 없다. 사랑하는 사람의 비겁한 배신에서 그(녀)는 질투를 하기 보다, 단 하나의 지고하고 성스러운 사랑의 명령이 존중받지 못한 것에 대해 분노할 뿐이다.

색정광은 **대립 추론**을 통해 정신증에는 **질투의 대상**이 있을 수 없음을 밝혀냈다. 그것의 '질투의 원칙을 넘어선' 질투는 모순 없이 시기심의 가장 맹목적인 형태를 — 자업자득이 된 원망서린 분노가 증명하는 — 이루고, 그것이 환상화의 중재 없이 떠돌아다니는 방식으로 '죽도록 사랑하는' 대상을 향해 실재계로 되돌아온다. 따라서 우리는 색정광에게서 인간관계를 통해 재발되는 약탈적인 모성의 결과들을 짐작하는 가장 정확한 근거들을 갖는다.

투사에서 망상으로
질투정서와 거부

프로이트를 해설하는 라캉은 망상이 터지는 길에 공통적으로 존재하는 질투의 중대한 '비약이나 단절을 표시하고 그것의 구조적인 영향을 강조하면서 그 영향력을 깨닫게 된다. "우리는 망상질투의 최초 설계도에서 성적 특성을 부여하는 표시가 뒤집혀지는 것과 함께 타자와의 동일시를 찾아본다."[15]

른 말로 하면, 질투의 정신증에는 "당신이 성적으로 도착된 적대감inverti aliénation에 의해 동일시 된 사람은, 바로 당신의 부인이다. 그래서 당신은 부인을 다른 한 남자만이 아니라 — 임상에서 보여주듯이 — 특정되지 않은 많은 남성들에 대한 당신의 감정을 그대로 전달할 메신저로 삼는다." 요약하면, 질투하는 망상증자의 부인은 남편의 동성애적인 감정들의 '전령'이 된다.

'투사에 의한 질투'가 '상상의 초월'로 넘어간다면, 정신증의 질투 자체는 '나쁜 의도의 초월' 편으로 간다.16 그런 질투는 투박하게 폐제된 동성애의 소망이 현실로 돌아오게 하는 '상징의 소멸 형태'로 가게 될 것이다. 그것이 정서의 빗장들과 환상의 필터들을 뛰어넘게 만든다. 주관적인 질투가 거부Verwerfung로 완성됨에 따라 과격해지는 것이 문제라면, 우리는 더욱 정상적인 질투와 정신병적인 질투에는 정도의 차이밖에 없다고 볼 수 있다.

라캉은 《망상질투》를 다시 읽으면서, "나는 그를 사랑한다"가 "그는 내가 아닌 그녀를 사랑한다"로 이행하는 과정을 밝힌다. "해석을 통해 해방된 말을 가질 수 없도록 하는 망상질투는 큰타자Autre의 욕망을 재현하기 위해 노력한다." 다시 말해서, "망상질투의 구조는 주체의 욕망을 — 상상계 속에서 스케치된 — 큰타자에게 귀속하는 것으로 이루어진다."17 그가 큰타자에게 귀속된다는 것, 그것은 "그가 사랑하는 사람은 내가 아니라 내 아내이고, 그래서 그는 나의 라이벌이다." 질투가 정신증의 망상으로 성장하면, 그것은 '큰타자 안에서 욕망을 지정하는 노력으로써' 메타포 구성을 실패하게 만든다. 거기로부터 우리가 자세하게 설명했던 여러 판본들이 실재계 속에서 속성재배 된다.

질투의 광기
편집증 vs. 우울증

편집증이 질투가 선택한 정신증적인 운명이라면, 우리는 우울증의 본질 역시 주관적인 설정이라는 입장을 유지할 것이다. 질투하는 사람이 낯선 사람과 한 몸이 되어버린 사랑하는 대상을 감시하면서 느끼는 고통은 추정된 상실에서 비롯된 것이다. [상실을 추정하는] 일이 반복되면, 질투는 '나르시스적인 신경증'이라는 우울증의 궤도에 진입한다.18

우리는 정신병리학적 관점에서 망상질투가 우울증과 편집증이 교차하는 지점에 위치할 것이라는 결론에 대해 알고 있다. 박해하는 대상에게 흘리는 눈물, 그것은 주관적인 질투의 낯선 풍경이다.

그러나 정신병리학적인 검증에서 질투하는 남자는 여자 문제를 통해 **아버지**와의 문제에 마주친다는 중요한 교훈을 얻는다. 이는 다양한 형태로 — 강박신경증에서부터 편집증에 이르는 — 확인된다. 만약 그가 **여자**를 의심한다면, 그것은 **큰타자** 속에 균열이 있다는 것이다. 다시 말하지만, 타자에 대한 의심은 **큰타자** 안에 균열이 있다는 증거이다. 주체는 여자와 결혼하는 순간에 큰타자의 이름^{Nom} 안에 구멍이 있음을 알아차릴 수 있다. 따라서 정신증의 순간에 우리는 광적인 질투로 행동하는 주체가 다다른 상징계의 막다른 골목의 진면목을 본다.

9

문학과 질투

"사람들은 자신만큼은 오쟁이진 사람이 되지 않을 거라고 장담하겠지요. 당신은 알게 될 겁니다. 그렇게 가장 강한 척 함으로써 자기 자신의 마음속에 거짓 믿음을 던져 놓을 수 있다는 것을요. 여기 이 이야기는 당신이 상상하는 모든 것에 대해 아무 것도 확신하지 말 것을 알려줄 것입니다."

'보는 것'과 '믿는 것' 사이, 보이는 것^{apparence}과 확신 사이의 가공할 질투를 설정한 몰리에르의 《오쟁이진 남자의 상상》[1]은 그 비극을 코믹하게 그리고 있다. 거기서 저자는 두 쌍의 남녀를 질투의 광기 속에 던져놓는다. 그리고 마지막에 가서 그들의 눈을 가리고 있던 것들이 떨어지면서 오해를 해결하고 있다. 질투가 문학에 영감을 줄 수 있었던 것은, 확신의 명료함 속에 있는 혼란과 어리숙함, 그리고 그 확신의 착각 효과 때문이다. 질투는 내면의 양면성을 밖으로 표현하는 연출을 거치면 희곡의 아주 훌륭한 소재가 된다.

질투는 문학에 인용되면서부터 그 모습을 드러낼 수 있었다. 거기서 메타심리학과 임상 수준에서 재구조화된 논리가 발견되기도 하고, 주관적인 통찰과 표현을 통해 사랑 속에 뿌리내린 가시를 드러내기도 한다. 그래서 우리는 문학 속에서 선택된 인물들이 그려낸 무의식의 구조에 의한 다양한 빛깔의 질투 현상을 만날 수 있다.

《오셀로》
비극적인 질투의 주인공

잠재된 질투의 극적인 '성격'을 연기하는 무어인 장군 오셀로의 비극[2]은 자기 딸을 미혹했다고 고소한 '장인'의 소송으로 시작된다.

오셀로는 데스데모나와 비밀리에 결혼한다. 그런데 사람들, 특히 원로원의 사람들은 그 결혼의 합법성을 문제 삼는다. 그러나 오셀로는 형식상으로는 불완전했지만, 데스데모나와의 결혼은 사실이라고 한다. 한편 이러한 문제점을 이용해서 오셀로의 부하 이아고는 음모를 꾸미는데 모든 수단을 동원한다. 그는 오해를 만들어내고, 그것으로 오셀로를 파멸로 이끌 주모자들을 배치한다. 먼저 이아고는 오셀로의 부관이었지만 사소한 실수로 신임을 잃고 파면 당한 캐시오를 데스데모나의 연인으로 오해할 수 있는 장면을 연출할 인물로 끌어들인다. 이아고는 캐시오에게 데스데모나를 만나 복직을 요청하라고 조언한다. 그리고 오셀로에게는 데스데모나와 캐시오를 연인관계로 의심하도록 꾸민다. 그러한 계략에 걸려든 오델

로는 캐시오와 데스데모나의 만남을 멀리서 보게 된다. 물론 그 장면은 마음 속 의심을 건드리는 정도였지만, 오셀로의 마음에 의심의 균열을 가져오기에 충분했다.

이아고는 의심거리를 넌지시 전하는 악마 같은 기술로 오셀로를 선동할 수 있었다. 오셀로에게는 이미 질투를 부추기는 무언가가 있었기 때문에, 그 장면을 끝까지 보지 않고 확신한다. 결혼의 신의에 균열이 생긴 그는 이 의심을 객관화하기 위해 이아고만은 기다린다. 이아고로 말하자면, 질투가 표시를 통해 자란다는 것쯤은 알고 있을 만큼 꽤 유능한, 그리고 타자를 균열의 방식으로 다룰 줄 아는 사악한 전문가라는 의미에서 '임상의사'이다.

여기서 이아고가 균열을 가져오는 표시 대상objet-signe 으로 삼은 것은 손수건이었다. 그것은 부적처럼 실용의 가치를 넘어선 것으로, 남성을 유혹할 때 여성이 사용하는 물건이다. 이아고는 오셀로가 데스데모나에게 선물한 손수건을 훔쳐서 오해 당사자[캐시오]의 방에 가져다 놓았다. 그것을 본 오셀로는 데스데모나가 캐시오에게 보낸 사랑의 선물이라고 생각을 하게 된다. 그것이 제3막이 만든 첫 번째 복선이다. 이렇게 오

첼로는 질투에 '손을 댔다.'

의심을 확신으로 만들려면 고백이 필요하다는 것까지 알고 있는 이아고의 사악함은 오해를 이용해서 데스데모나와 캐시오의 만남을 고백하는 장면처럼 보이게 하는데 성공한다. 실제로 그 장면은 캐시오가 자신의 연인인 비앙카와 이야기하는 것이지만, 데스데모나와 만나고 있다는 이아고의 정교하고 위험한 설명에서 오셀로의 의심은 미친 확신이 되고 만다. 비앙카와 데스데모나는 전혀 닮지 않았지만, 비앙카의 손에 들린 남편이 준 손수건이 데스데모나로 오해하게 만드는 효과를 담당했다. 그렇게 오해는 거울효과 effet spéculaire에 등록된다. '비앙카'는 환상효과로 '데스데모나'가 되고, 이아고는 오해의 구조를 지닌 질투의 반사효과로 오셀로를 농락한다. (한편 몰리에르는 스가나렐과 그의 부인, 그리고 클레리와 렐리 커플들의 혼동을 다룬 작품, 《오쟁이진 남자의 상상》의 극적인 자원을 《오셀로》에서 이름만 바꿔서 가져온다.)

오셀로는 자신을 배신한 데스데모나를 죽이기로 한다. 그리고 데스데모나는 확신에 차서 자신의 목을 조르는 형 집행관에게 아무런 반발도 못하고, 희생양의 운명을 받아들이다. 그렇게 그녀는 자신의 침대에서 — 그들이 사랑을 속삭이던 곳이지만, 지금은 그녀의 부정행위를 벌하는 — 목이 졸린다. 거기서 우리는 부부의 유적지인 침대를 살인의 장소로 만드는 지독하고 잔혹한 질투를 본다. 그러나 모든 경위를 알게 된 질투의 오셀로는 침대에서 죽어가는 데스데모나 곁에서 자살한다. 라이벌의 존재를 확신한 오셀로는 죽음으로 사랑의 대상인 아내를 되찾으려했고, 아내와 운명을 같이하려 했다. 이것이 질투하는 사람이 죽이려 했던 대상과의 '영원한' 동일시이다.

《오쟁이진 너그러운 남자》
질투의 광기

페르낭 크롬랑크의 희곡[3]에 나오는 질투 이야기는 임상으로서의 가치를 충족시키는 패러다임으로 구성되어 있다. 그것은 셰익스피어의 비극적이고 광기어린 질투의 집합체에 있는 음산한 분위기를 마을의 우스갯거리로 개작한 느낌의 작품이다. 16세기부터 사람들은 암컷 뻐꾸기가 수컷을 자주 바꾼다는 점에 영감을 받아, 암컷 뻐꾸기나 그 둥지를 빗대서 뻐꾸기의 울음소리 '꾹꾸coucou'를 변형한 '꼬뀌cocu'를 오쟁이진 남자, 곧 바람난 아내의 남편을 가리키는 표현으로 사용했다. 거기서 비극은 익살극이 되어, 오쟁이진 남자의 불운 경험을 아주 위풍당당한 모습으로 구성된다. 브뤼노는 임상 차원에서 주목할 만한 인물로, 그는 마을에서 사랑의 편지를 대필하며 살아간다. 성격상 질투를 곧바로 표현하지 못하는 그는 얼마 전에 온순하면서도 지순한 사랑을 가진 정숙한 처녀, 스텔라와 결혼했다. 이 순진한 사람들에게 모든 것은 더할 나위 없이 순조로워서 완벽한 사랑을 이루어낼 수 있을 것만 같았다. 브뤼노가 자신의 소중한 사랑인 스텔라에게 한 이상한 행동만 없었다면 말이다. 브뤼노는 기쁨을 가져다주는 행동으로 자신의 사랑을 영원하게 하기보다, 사랑이란 이름으로 그녀를 학대하기 시작한다. 그의 행동은 신혼 첫날밤부터 이상했다. 그에게는 사랑에 관해 쓰는 것과 사랑을 하는 것은 별개였던 모양이다.

사랑의 이름으로 하는 또 다른 행동에는 '칸다울레스식 candaulisme' 사랑이 있다. 그것은 자신의 대상을 공공연히 칭송하는, 다시 말해서 과장된 찬사로 다른 남성들이 '자기' 여자에게 주목하도록 애쓰는 것 같은 행동이다. 이것은 자신의 부인이나 연인을 감추고 방어하는 고전적인 질투와는 상반된 모양새이다. 와인을 마시면서 그는 반복적으로 속을 알 수 없는 상식 밖의 행동을 한다. 그는 사랑하는 사람의 신체 특징을 과장해서 말하는 것과 같은 이해하기 어려운 지나친 행동으로 주변사람들을 불편하게 만든다.

그리고 사랑하는 사람을 집요하게 괴롭히는 또 다른 행동도 나타난다. 그 마을의 데스데모나인 스텔라는 '파란 하늘처럼' 맑고 정결한 여성으로 불륜을 저지를 사람은 아닌 것 같다. 그러나 그 이상한 사랑을 하는 사람은 자기 자신을 미치게 만드는 불순한 환각에 사로잡힌다. 마침내 그의 질투가 봉인해제 될 때, 그때부터 그는 온 힘을 다해 정결하고 흠 없는 그 여인을 도덕적으로 고문한다. 그에게 '자기' 여자를 만들기는 한없이 어려운 일인 것 같다. 결백한 그녀에게서 받아낼 자백이 없자, 이번에는 말도 안 되는 확신으로 질투자체의 요구를 공식화하기에 이른다. "넌 해서는 안 되는 일을 했지. 그걸 말해!"와 같이 그는 그러면 안 된다는 금지 대신, 불륜의 자백을 명령하는데, 이것은 시간을 아끼려는 심산으로 이해된다. "난 네가 순전하지 않았으면 좋겠다"는 그의 바람은 '의심'의 고통에서 벗어나기 위해, 차라리 그 불행한 여인에게 불륜을 저지를 것을 요구하는 참담한 내면의 모습을 잘 보여준다. 그런 두려움에서 오쟁이진 남편은 자백을 요청하고 구걸한다. 우리는 남편이 허심탄회한 태도로 자기 부인의 내밀한 부분에 대해 시시콜콜 말하는 '지인들'과의 관계도 눈여겨보아야 한다. 그는 자신이 사랑하는 사람에 대한 지인들의 깜부기불 같은 눈에서 순결한 자기 부인이 더럽혀지는 고통을 자초한다. 그는 과격하게 도발하는 지인들로 인해 자신의 불행을 완성시킨다. 그리고 사랑의 불장난이 이루어지고 있는 방문의 열쇠구멍 앞으로 내몰린 오쟁이진 남자의 고통을 경험한다.

이 이야기는 무슨 말을 하려는 것일까? 그 여인은 질투하는 남편을 파악할 수도 돌파할 수도 없었다. 왜냐하면 그의 주이상스는 '소화할 수 없는' 성질의 것이기 때문이다. 여기서 우리는 그리스의 역사학자 헤로도토스가 이야기했던 리디아의 왕, 칸다울레스의 기행奇行이4 떠오른다. 그에게도 말할 수 없는 아름다움을 지닌 왕비(마을의 대필가 왕국의 왕비인 스텔라처럼)가 있다. 그는 그녀의 아름다움이 지나쳐서 모든 사람들이 그녀를 감탄하며 바라본다는 엉뚱한 상상에 빠진다. 조작을 통해 기게스는 모욕당한 왕비와 함께 어리석은 왕의 권력을 가로챈다. 칸다울레스의 강요된 이별. 그것은 자신의 왕비를 감시할 줄도 모르고, 지배할 줄도 몰라서 침실의 왕이 될 수 없었기에 자신의 생명을 대가로 치른다!

다시 브뤼노 이야기로 와서, 편집광적 성향을 표시하는 격앙된 언어[5]에 사로잡힌 그는 그녀를 밤하늘의 별빛처럼 반짝인다면서 '북쪽 오로라 영혼의 여신'이라 부른다. 그의 편지 기술은 차마 다 담아낼 수 없는 그녀의 '빛나는 여성으로 만드는' 효과의 매혹적인 몸은 물物, Chose과 언어에서 절대적 난해함을 갖게 된다. 그리하여 그는 그녀를 모든 사람들에게 넘겨주는 미친 결정을 하게 된다.

매춘의 연출은 이러한 '내적 고뇌'에서 비롯된 무의식의 끔찍한 해법과도 같은 것이다. 그것은 자신의 가장 소중한 대상을 모욕하는 질투의 말하기 어려운 수치스러운 측면을 스스로 고백하는 것이다. 배신당한 적이 없지만, 그는 늘 최악을 추측해 왔다. 그것은 눈앞에서 진짜 최악을 목격한 것처럼 아주 경망스럽게 현실을 거부하는 것이다. 그런데 그에게는 아무 일도 일어나지 않았다. 이것은 현실로 느끼고 있는 질투가 주관적인 것임을 알게 해준다(위, p. 75). 이런 믿을 수 없는 망상 장면 — 거기서 작가가 은밀하게 말하는 질투신경증 공통의 식은 땀을 흘리는 ― 의 마지막 환상 이렇다. 그의 아내는 혼자가 되어 누구와도 만날 수 있게 되었고, 그 이상한 남편은 '자기' 부인의 선택을 받는 '한 사람'이 되기 위해 변장을 하고 그녀 곁으로 온다. 흥미로운 것은 이것이 소녀의 오이디푸스 환상 속 충동ressort을 정확하게 진술하고 있다는 점이다. 아버지의 가면을 쓴 구혼자가 유독 눈에 들어와서 여러 구혼자들 가운데 선택되는 것은, 알프레드 드 뮈세가 그의 희곡 《젊은 여성들은 무엇을 꿈꾸는가》[6]에서 하려던 이야기이다. 그의 불안은 그녀가 실제로 그를 위해 존재하는 '그의' 여자가 아니라는 데 있었다. 그런 그가 질투의 광기에서 벗어나는 것은, 결국 그 불안의 무게에서 벗어나는 순간이다. 그녀는 누구가 될지 모르지만 일단 그를 진심으로, 단호하게 거절한다. 그녀는 의심에 사로잡혀서 자신의 분신인 에스튀르고에게 의지하고 살아가는 너무 복잡해 보이는 남편보다 아침 일찍 도착한 단순하고 우직한 '목동'이 더 좋았다. 이제 그녀는 망상에 빠진 남편을 확실하게 떠난다. 브뤼노의 실험은 절정으로 치닫고, 그는 자신의 분신과 함께 홀로 늙어간다.

《오쟁이진 관대한 남자》는 《오셀로》 비극을 익살극 형식으로 개작한 것이다. 이 놀랍도록 음울한 익살극은 관중의 신경증적 환상에서 공명을 찾는다. 그런 의미에서 신경증적인 주제는 정신증적인 진실과 얼마간 맞닿아있다. 그리고 그것의 절정은 어쩌면 외적 요소에서 비롯된 질투를 이해할 수 있게 해준 셰익스피어의 걸작(《오셀로》의 이아고를 통해)에서 보여주는 상황보다 훨씬 근본적인 것일 수 있다. 크롬랑크의 말을 빌면, 질투는 '어떤 비료 없이도 알아서 자라는, 아무런 외적 요인도 필요하지 않는 질병의 일종'이다. 따라서 질투는 욕동의 저주면서, 지옥 같은 주체의 '독백'일 뿐이다. 알랭 로브-그리예의 《질투(1957)》가 증언하는 유폐 이야기는 주체가 덧입고 있는 거세의 제의祭衣를 느끼게 하는 것으로 독자에게 강한 인상을 준다. 그는 혼동의 암흑 속에서 "사랑, 신성한 코미디여!"라는 절규로 거세의 '블랙 코미디'를 다룬다.

《영주의 연인》7에서 솔랄은 사랑하는 연인 아리안느의 과거를 알게 되는 순간, 관능적인 사랑의 열정에 마침표를 찍는다. 그리고 봉인해제된 질투정서와 함께 절정에 이른 망상질투 — 알베르 코헨의 신경증적인 사랑의 관계 논리에 따른 것으로 그 여성을 위한 양면성의 강렬한 매력과 이상화된 어머니와의 관계 사이에 깔려있는 — 의 반복에 들어있는 있는 망상의 치명적인 핵심을 증언한다. 이야기 속 솔랄은 아노미의 시간을 통과하면서, 갑자기 자신이 프랑스인임을 거부하고, 동시에 이름까지 부정하는 폐제의 시기에 들어선다. 따라서 그는 욕망하는 여자에게서 추정된 주이상스, 즉 여성의 주이상스 범위에서 '오케스트라의 지휘자'와 같은 지위를 가진 환상화된 연인-아버지père-amant를 마주하고 있다! 그 미로의 끈을 잡고 있던 '아리안느'는 그를 방황하게 하는 낯선 사람이 되고, 그의 망상 속 돈 주앙은 '오쟁이진 관대한 남자'로 변신한다 (…) 그가 이상화된 대상을 고문하고 억누르면, 그것은 결국 커플을 망가뜨리는 것을 넘어 죽음에까지 다가갈 것이다.

《잃어버린 시간을 찾아서》
사랑에 내재된 불안과 슬픔의 예술

질투의 정점에서, 그 과도한 망상질투를 하는 사람에 관해 전망을 해보면, 우리는 신경증, 그러나 여전히 '정신나간folle' 신경증의 형태로 되돌아갈 수 있다. 《잃어버린 시간을 찾아서》의 화자는 자신의 알베르틴에 대한 질투를 — 마조히즘의 요소가 있는, 신경증적이면서 비교적 덜 망상적인 경향의 — 제

6권《사라진 알베르틴》[8] 속에서 훌륭하게 표현한다. 소설《노년 시대(1897)》의 저자 이탈로 스베보 역시 에밀리오 브렌타니의 젊고 매력적인 연인 안졸리나에 대한 질투를 섬세하게 그려낸다. 프루스트의 '만성질환', '새로운 존재들로의 환생'[9]은 질투에 관한 탁월한 연구서로, 화자는 직접적인 방식으로 질투의 실마리를 건넨다. "알베르틴의 사랑을 느끼지 못할 때 (…) 나는 그녀가 언제 어디서 누구와 무엇을 하고 있는지 다 알아야 한다고 생각하는 것 같다"라고. 우리가 어린 시절 어머니와의 유대관계에서도 이런 것이 작용하고 있음을 알고 있다면, 이 고백이 얼마나 중요한지 이해할 수 있다(위, p. 123). 확실히 어머니를 곁에 두고 있는 아이는 평화롭다. 그러나 금세 권태를 느낀 아이는 어머니에게 시큰둥해지고 다른 데 관심을 보인다. 그러나 어머니로부터 버려지는 느낌이 있다면, 욕망은 다시 불일 듯 일어나고 고문 장치는 재가동된다. 실제로 여기에 분극점이 있다. 나 말고 엄마의 대상이 되는 것은 무엇일까?

자기 곁에 있는 것이 중요한 프루스트는 만개한 꽃 같은 en fleurs 젊은 여자 알베르틴이 다른 일로 바빠질 조짐이 보이기만 하면, 그녀를 집 안에 가둔다. 그는 "질투가 (나에게) 알베르틴을 향한 사랑을 회복시켜주었다"고 고백한다.[10] 그는 탐내고 빼앗으려는 사람들이 있어야 그것이 보물이 된다는 생각을 가지고 있다. 그리하여 그는 "그녀가 다른 사람의 욕망을 자극할 때, 나는 그녀를 내 시야 안에 가둔다. 나의 고통은 그녀를 두고 다른 사람과 기꺼이 다투려고 할 때 시작된다."[11] "내가 통제할 수 없는 다른 사람들과의 만남 때문에 그녀가 분주해 보일 때면, 나는 그녀를 곁에 두는 일에 집착하곤 했다."[12] 그의 일상은 그녀를 둘러싼 남자와 여자들에 대항해서 치르는 끊이지 않는 '전쟁'의 연속이었다. 이렇게 그는 자기 삶을 평가했다: "알베르틴과 함께 한 내 인생은 질투하지 않을 때는 지루했고, 질투하고 있을 때는 괴로웠다."[13] 이는 그가 자신이 잘못된 것을 마음 깊이 알고 있으면서도 질투하는 대상에 대한 욕망(그러나 그것이 '진짜' 욕망일까?)을 그대로 유지시키려고 하는 이상한 자신을 보면서 했던 말이다.

라캉은 이 문장에 대해 '타자의 욕망 포착', '언제나 자기 자신 위에서만 돌고있는 거울의 속임수에서 비롯된 끊이지 않는 시소장치'라는 인상적인 해설을 한다. 그래서 '타자의 욕망이 그의 욕망이기 때문에 결코 자신의 욕망을 파악할 수 없는 주체는 타자의 욕망을 쫓다가 지쳐버린다.' 타자의 욕망을 자신의 욕망으로 삼는 것은, 아무리 그 가운데 여성이 있다고 할지라도 '동성애 관계의 구조'이다. 결국 '질투 열정의 비극 서사'에서 '그는 자기 자신을 추구한다.'[14] 그것은 프루스트가 오데트와 마주친 스완의 충격émoi에서 다시 세운 질투의 토대 자체 — 표시들 — 의 도착倒錯 가능성을 크게 만든다: "그러나 사랑의 그림자 같았던 그의 질투는 그날 밤 그에게 보냈던 이중적인 미소 — 스완에게는 비웃는 것이겠지만 다른 사람에게는 애정이 담겨있는 — 로 완성되었다. 이제 그녀의 입술은 다른 사람의 입술을 향해있고, 그를 위해 했던 그녀의 모든 애정 어린 표시들도 다른 사람을 위한 것이 되었다."[15] 다수의 남자들에게 보내는 몸짓의 복제 능력은 아찔한 질투를 방황하는 욕망의 중심에 등록시킨다.

이 독특한 행동은 화자의 어머니 콤플렉스를 아주 잘 보여준다. '알베르틴'은 어머니를 사랑하는 아이가 분리불안을 가지고 게임하게 될 준거 여성의 이름이다. 강력한 감각이 만들어낸 자체적인 고문은 '전율'의 방식을 일으킨다. 절정에 이른 감시자의 질투애착에서 타자는 떠나게 된다. 그리고 그때, 그는 (그에게) 가장 나빴던 그녀와의 기억을 짐짓 아무렇지 않은 듯이 회상하면서, 도망치려는 '여죄수'를 자극하는 이상한 언어게임을 한다. 그 게임은 그냥 그녀가 도망치는 어느 아침이 올 때까지 그녀와 연결되어 있음을 즐기는 것이라고 밖에 할 수 없다. 이런 불장난의 밑바닥에서 작동하고 있는 것이 마조히즘이다.

따라서 질투는 '사랑하는 것들이 작동시킨 불안한 지배 욕구'[16] 로써, 무엇보다도 그것은 사랑에 내재된 '슬픔'의 존재이다. 한번 '사라진' 이상, 알베르틴은 상실에서 나온 애도를 제공한다. 그녀는 상실한 (모성의) 큰타자의 살아있는 메타포로서 질투에게 자신의 존재를 제공한 것 같다. 그녀가 실질적으로 사라지는 죽음을 생각해내기 전에, 그녀의 출발을 알리는 여행 가방은 관에 비유된다.

여기 묘사된 이해하기 어려운 질투의 유희는 애착을 만드는 바탕으로서의 욕망의 틀이 생식과는 전혀 상관없음을 알아야만 제대로 감정할 수 있다: 집에 있는 여성, '알베르틴'은 프루스트의 마스코트이고 인형이었다. 집으로 돌아오는 길에, 그는 불 켜진 창문을 보면서 그녀가 집에 있음을 확인한다. 그러니까 그가 즐겼던 것은 그녀가 집에 있다는 사실 확인이었다. 또한 그는 거의 키스 이상을 ― 서로 몸을 부비다 감미로움이 절정에 이르러 사정을 하는 — 하지 않았다. 활짝 핀 꽃 같은 젊은 처녀에게 성교 없이, 그저 충분히 자라지 못한 아이가 어머니와의 접촉에서 했던 것과 같은 표현으로 자기 뺨을 내주는 정도가 육체 관계의 전부였다면 어떻게 될까?[17] 우리는 어머니의 현존과 부재에서 겪은 고통들이 끝나지 않는 질투의 아픔 속에서 재연되면서, 그것들의 유별난 굴곡들을 알 수 있다.

루이 기유의 《검은 피》[18] 속 '순수 이성Raison pure'을 열렬히 사랑하는 히스테리적인 주인공 크리퓌르 교수와 그의 부인 트와네트를 보자. 남편 크뤼퓌르에게 잘 생긴 장교에게 매력을 느낀다는 고백을 들은 그의 부인은 싸워보지도 않고 죽음을 택한다. 우리는 거기서 그녀의 유기 공포증을 떠올릴 수 있다. 이렇게 질투와 대면해보지도 않고 자살을 준비하는 희생적인 행위는 나르시시즘에 생긴 상처 때문일 것이다. 그런데 톨스토이의 소설 《크로이처 소나타(1889)》는 전혀 다르게 흐른다. 주인공 포즈드니세프는 그의 부인이 트루하체프스키와 함께 연주한 베토벤의 바이올린 소나타 '크로이처'를 듣고서 부인을 칼로 찔러 죽인다. 이것을 우리는 분노 탓으로 본다.

《롤 베 스테인의 황홀》
마비된 질투

질투 문학의 정점은 역시 질투의 절정과도 같은 형태에 있다. 마르그리트 뒤라스의《롤 베 스테인의 황홀》속 '롤 베 스테인 사례'가 바로 그 절정을 재현한다.[19]

롤은 약혼자 미카엘 리차드슨과 안-마리 스트레터의 불륜을 직접 목격하지만, 이상하게도 덤덤했다. 그것은 그들의 욕망의 무도회에서 함께 도망친 그날 밤의 트라우마 현상으로, 그녀는 그 광경 앞에서 질투도 분노도 느낄 수 없는 '식물'이나 낭종으로 변했음을, 그날 그녀를 그 자리에서 빼내려는 어머니에게 분명하게 알린다. 그녀는 '지루했던 롤'에서 나와 행복한 커플로 인해 마비된 희생자의 증언 역할에 만족한다. 이것이 그녀를 매료시킨, 부조리 속에서 그녀를 사로잡은 황홀이다.

여기서 우리는 질투감정의 폐제를 통해 무의식 속의 격앙된 질투 형태를 숨길 수 있다는 프로이트의 사상이 떠오른다. 롤은 그것을 완벽하게 증명하고 있고, 그래서 그녀의 순도 높은 질투는 **감정의 색인** 가운데 어떤 항목과도 일치하지 않는다. 질투만큼이나 '이상한 고통의 생략'인 셈이다. 경쟁 개념이 무너지고 없다. 환상이 작동되지 않는 그녀는 히스테리 환자가 그랬던 것처럼 더 이상 경쟁자로 맞서지 않는다. 그녀는 장면 속 모든 현실을 흡수해서 예속시키는 주이상스의 흡입기 속으로 빨려 들어간다. 문자 그대로 주체는 규칙적인 움직임에 사로잡힌 큰타자의 영역으로 완전히 이동한다. 롤은 커플을 자신의 욕망으로 이끌어가는 활주로에서, 굳어진 규칙적인 움직임으로 주관적인 자신의 붕괴를 경험한다. 질투에 관한 이 소설은 주체가 없기 때문에 (…) '황폐해짐'을 전한다. 롤은 자신을 황폐한 어머니에게서 떨어뜨려 놓아야만 했던 그 남자도 황폐한 사람이었음을 알고 있었던 것 같다.[20] 적이 된 커플이 구현한 이상적인 힘 때문에, 그녀는 거기에 맞설 수 없었다.

이 모든 질투를 경유하는 극작법의 길은 가시적이고 신념에 찬 논리에서 벗어나서 비극을 보드빌로 만든다. 몰리에르 희극의 최후 장면에서 절정에 달한 코메디아 델 아르테[16·17세기에 이탈리아에서 성행한 희극]부터 보카치오(《데카메론, IV》)까지

'수정된 질투'의 주제가 그에 대해 말해준다. 가령 《르 바르부이에의 질투La jalousie du Barbouillé》[주인공 이름인 바르부이에는 풋내기, 어릿광대란 뜻이 있다]에서 무시당한 남편은 바람난 아내를 쫓아내려 하지만, 오히려 그녀에게 속아서 집밖으로 쫓겨나는 장면이 있다. 이렇게 **자리가 뒤바뀌는 장면**이 갖는 희곡의 상징성, 그것이 질투를 희극으로 만든다. 조르주 페이도의 희극에는 질투에서 남편의 불륜 현장을 덮친 부인에게 남편이 한 보드빌풍의 마지막 말이 나온다: "무슨 상상을 아직까지도 하시는가? (…) 그러지 말고, 어서 사랑하는 연인이 있다고 말하시지!"[21] 이렇게 잘못한 사람이 그것을 부정하는 뻔뻔스러움을 보면서, 사람들은 질투하는 사람을 편들게 된다. 이제 우리는 질투의 착각에서 빠져나와, 자신이 본 것을 신뢰도 불신도 하지 않는 몰리에르 희곡 인물의 역설적인 충고를 보다 잘 이해할 수 있다: 착각에 빠지지 않기 위해 한쪽 눈을 감아라. 질투하는 사람이 본 광경에 사로잡혀 거기에 몰두한다면, 진실은 미궁에 빠진다. 그리고 '치료'의 실마리도 우리가 보았다고 (생각하는) 것을 믿지 않는 데 있다.

10

질투, 사회적 관계와 상징체계

질투의 본질은 대상을 비좁고 고립된 둥지 안에 가두어 놓으려고 애쓰는 외로운 정서이지만, 동시에 가장 강력한 사회적 논리에 연결되어 있다. 대상을 열쇠로 굳게 잠근 '감옥'에 가두고 자신도 함께 '무리에서 떨어져' 있기를 원하는 사람이 있다면, 그가 바로 질투하는 사람이다. 그러나 이 '비사회적인' 사람들을 관찰해보면, 그들의 사회적 활동이 어떤 표시들을 추격하는 것에 집중되어 있음을 알 수 있다. 파티가 열리는 장소의 한 귀퉁이에 혼자 멀뚱하니 서서 대상과 사람들을 바라보는 사람이 있다면, 그는 질투하는 사람이다. 질투하는 사람들은 끊임없이 자기에게서 빠져나가려는 대상의 움직임에 시선을 고정하고, '파트너가 바뀌는' 것에 대한 복잡한 해석을 늘어놓는다.

질투하는 사람의 집단 참여는 특히 시각적인 측면에서 이루어지는 경향이다: 질투의 삼자구도가 질투하는 사람의 징후를 모든 사회적 영역에서 자신의 적을 뒤쫓게 만든다(위, p. 87). 그러므로 질투의 사회적 활동은 어떤 낌새들의 추격이 된다. 그러나 큰타자와 그의 주이상스의 암호화된 관계 속, 보이지 않는 쪽에서 질투는 일한다. 결국 질투는 '군중심리'의 감춰진 주제로서 의미가 있다.

유혹의 사회적 체계
일탈로서의 질투

무엇보다도 프로이트는 질투를 '합의된 관용'의 거부로 본다. 말하자면, 사회가 마련해 놓은 '용의주도한' 배수장치, 즉 '결혼에서 만족을 바라는 여성과 정복을 꿈꾸는 남편'이 위험부담 없이 자신들이 바라는 바를 실행해 볼 수 있는 '놀이 공간'의 효과와도 같은 '합의된 관용'의 거부라는 것이다. 그것은 사회적으로 승인된 '아주 잠깐 동안의 작은 떨림'이 주는 자극이 커플의 리비도와 부부관계에 도움이 된다는 예견에서 비롯된 것으로, "그 합의는 배우자의 부정不貞이 아니라, 두 사람 간의 설명하지 않아도 되는 사소한 부분에 초점 맞춰진 것이다."[1] 라캉의 표현처럼 '부정의 경계 위에서 춤추는 무용수의 앙트르샤와 같은 프로그램' 이후 "낯선 대상에게 타올랐던 욕망은 가까이 있는 자신의 대상에 대한 변함없는 사랑으로 채워져서 귀환되는 경우가 대부분이다."[2] 그런데 질투하는 사람은 그렇게 마련된 이득을 보지 못한다. 그에게 이 정열적인 놀이의 끝은 돌이킬 수 없는 단계로 들어가는 것뿐이다. 그는 눈을 감을 수 없는 게 아니라, 잠시도 눈을 뗄 수가 없다. 그리고 이전으로 돌아가는 것을 틀렸다고 생각한다. 그는 자신의 대상을 우리에 가두기를 원하는 것일까? 아니면 은밀하게 이 위험한 상황을 즐기고 있는 것일까? 우리는 이 예시에서 질투하는 사람의 사회적 태도를 볼 수 있다. 따라서 '사회적 관습'을 수용하지 못해서, 질투는 작은 사회적 일탈처럼 보인다.

'잔혹함'에서 사회적 유대로

질투하는 사람과 사회 규범 사이의 긴장은 그 기원에서 명확해진다. 우리가 보았던 것처럼, 형제간의 질투는 군중masse과 공동체Gemeinschaft 감정을 기반으로 한다. 사회적 유대는 그것이 자신의 기원적인 에너지를 끌어오는 질투에 근거를 둔다. 서로 치명적으로 질투했던 데서 그 대단한 형제 관계가 만들어졌다.

사회의 보이지 않는 동성애가 유지될 수 있는 것은 그 근원에 미워하는 경쟁자와의 동일시가 있기 때문이다. 말하자면, "사회적 감정들은 형제-자매들이 서로 경쟁적으로 질투 eifersüchtigen Rivalitätsregungen[질투가 강한 경쟁 활동]하는 움직임을 하부구조로 하고 있다."3 따라서 체험된 사회적 관계는 사회적 이익의 핵심에 있는 최초의 질투정서의 암울한 '상부구조 Überbau'가 된다. 우리는 그것을 스탕달 소설의 주인공인 루시앙 뢰엥의 '동료' 관계인 동시에 업무상의 라이벌, 즉 '일에 대해 질투'하는 사람과의 관계에서 볼 수 있는 사회적 관계의 중추적인 행동4 — 영국의 배심원제도를 탓하면서 법정과 판사들을 불평하는 재판장 앞에서 그에게 떠오른 생각 — 을 통해 발견한다.

따라서 '집단정신esprit de corps'이나 '공공심esprit commun, Gemeingeist[협동정신]'은 '기원적 시기심ursprüngliche Neid[최초의 질투]'5에서 — 아이 방과 교실 속 '군중의 감정에 의한 질투의 변형과 대체'로 규정된 기본 원칙에 준하는 — 파생한다.6 그러나 우리는 어머니의 아들로서 '우등상'을 타는 것과 같은, 탈 오이디푸스의 역사 속에서도 어머니에게 바치는 영광을 목적으로 한 경쟁심과 학교교육의 경쟁관계의 역할에 대해서도 잘 알고 있다.

우정으로 승화된 관계는 질투를 하지 않게 하는 효과가 있는 것으로 확인되었다. 그런데 만약 두 친구 사이에 질투감정이 일어난다면, 그것은 그들의 우호관계가 어쩔 수 없는 위기에 처했음을 알려주는 신호이다. 여성이나 권력의 문제를 둘러싼 경쟁은 반칙을 범하는 욕동의 긴장을 다시 끌어들이고, 교묘하게 승화된 동성애적인 배경에 남자 대 남자의 대결이 새롭게 떠오를 때, 우정은 퇴장한다.

프로이트는 유태인 혐오나 유태인 증오의 구성 요소로서 형제간의 피할 수 없는 편집증적인 질투를 말한다. "만약 우리가 두려움의 대상인 아버지의 총애를 받는다면, 형제자매의 질투를 두려워할 필요가 없다. 그리고 이러한 질투의 끝을 구약성경 속의 유태인 요셉과 그의 형제들 이야기는 아주 탁월한 방식으로 보여준다."7 질투에서 가장 쓰라린 경험을 하는 사람은 바로 선택받았다고 추정된 형제이다. 이렇게 해묵은 미움의 심급ressort은 오래 된 질투에서 만들어진다: "맏아들로 여겨졌고, 하느님 아버지가 선택한 민족에 대한 질투는 하느님에 대한 믿음이 있다고 해도 여전히 극복되지 못했다."8 따라서 유태인에 대한 미움과 배척은 선택받은 유태인에 대한 질투와 증오의 소산일 수 있다. 라캉의 진단에 따르면, 질투의 미움haine jalouse은 '존재에 대한 미움'에서 가중된다(위, p. 106-107).

인류의 아버지
질투의 주체이자 기원

이런 질투는 사회적 관계를 창조하고 이전 세계, 인격형성의 초기 단계의 질투 — 닮은 사람을 따르지 않는 질투 — 를 은폐한다. 프로이트의 '과학적인 신화'에 의해 가정된 인류의 기원이 되는 아버지$^{Père\ originaire,\ Urvater}$[인류의 아버지]의 초상과 그의 살해에서 초기 사회적 관계가 설정되었다는 것은⁹ 질투의 주요한 특징이다. 아주 특별한 질투는 문자 그대로 유일한 질투이고, 그 '유일성'이 인류의 아버지^{Urvater}의 주요 특징으로 일반 심리학을 뒤집는다. (법^{droit}으로서가 아닌, 법의 기원으로서) 직책상 성적인 모든 것이 자신의 것인 존재를 과연 보통 사람들이 질투할 수 있을까? 누구와도 비슷하지 않은 그를 고만고만한 사람들이 경쟁한다는 것은 생각조차 할 수 없다. 한편 이것은 옛것을 본뜬다는 의미에서 완벽한 소유의 다른 의미를 찾도록 돕는다. 인류의 아버지, 그 '원시적인 동물$^{bête\ primitive}$'은 대상의 확보를 위해 종족의 모든 여성들을 자기 앞에 놓고 감시하면서 자신만이 누릴 수 있는 성적 재산으로 취급한다. 그는 여성들을 고립시켜서 타자들이 접근하지 못하게 함으로써 아들을 향유하는 권리마저 거부한다는 점에서, 그의 질투는 존재론적인 질투이다.

이제 우리는 프로이트가 군중들의 이러한 심리를 소개한 글에서 했던 주장을 이해할 수 있다고 본다: "그의 질투와 불관용은 최후 심역에서 군중심리의 원리가 되었다."10 우리가 알아냈던 '군중심리'의 '원리'가 바로 그 유일한 존재의 질투의 원형la Jalousie de l'Un이다. 결국 대립 추론에 의해 '대중'을 결합하는 것은 그런 자족적이고 자폐적이며 절대적인 질투이다. 아들의 일차적인 운명은 원형적인 아버지Père의 질투를 견뎌내는데서 결정된다: "아들들의 운명은 가혹했다. 아버지의 질투를 자극하면, 그들은 아버지에 의해 제거되거나 거세, 혹은 추방당했다."11 그들 관계의 기초는 인류 최초의 아버지Père premier의 질투를 연대해서 견디며 살해욕망을 함께 키우는 데 있다. 그러므로 질투의 원형은 '인과법칙에 따라' 사회적 관계를 생성한다. 군중들은 그들의 근원적인 아버지père primitif의 유물인 질투 역량을 시험하는 행위를 통해 구심적인 결집력을 유지한다.12

우리는 그것을 아들 중 하나가 아버지를 무찔렀던 형제들의 공적을 독차지해서 영웅으로 등극하는 이야기에서 이해하게 된다: "어머니의 총애가 그 아들을 아버지의 질투로부터 보호했고, 또 영웅이 되게 한다."13 따라서 그 영웅은 그 유일한 존재l'Un의 질투를 방어하는 능력을 통해 용감하게 자신을 뽐낼 수 있는 유일한 사람이다. 이것은 원형적인 아버지Père

가 '비록 관계할 일이 없는 경우에도 자신을 위해 자유로운 성적인 주이상스를 확보해두면서, 아들들에게는 그의 불관용을 통해 절제를 강요'하는 상황을 연상시킨다. 그러한 유일성 l'Unique은 사회적 관계 너머의 것임이 분명해진다. 따라서 가늠할 수 없는 그의 질투는 대립 추론에 의해 사회적 관계의 토대가 된다. 이로써 우리는 자연적인 자급자족 상태에서 관용 없는 질투의 폭력성을 이해할 수 있다. 왜냐하면 그것은 여성의 권리는 물론, 인간의 권리까지도 부정하기 때문이다. 그러나 군중들을 결집시킨 것은 원형적인 아버지를 살해 ― 사회적 동기의 응결을 약속하는 일종의 '빅뱅' ― 하려는 열망의 효과이다.

그러한 사회 규범 바깥의 질투를 '어린' 우리 같은 사람의 평범한 질투 척도를 가지고 그리기는 어렵다. 그러나 이런 신화적인 표현에는 가장 구체적인 임상의 반향들이 있다. 즉 질투하는 사람의 진짜 경쟁상대는 아무나 되는 것은 아니다. 사랑하는 여성은 물론 모든 여성에게 그 감정을 줄 수 있는 원시적인 무리의 아버지는 기득권, 모든 여성을 소유하는 행운 possidens beatus을 가졌다. 그래서 질투는 거세에 집착한다.

대중과 질투하는 사람

사회의 비극적인 사건부터 질투의 탈사회화까지의 입장을 검토해보자. 기원적 '사회'나 '집단 욕동'의 개념을 인정하지 않는 프로이트는 개인과 대중 사이의 긴장에 대해 언급한다. "극단적이고 강력한 질투감정은 대중 관계로 인해 있을 수 있는 피해^{Beeinträchtigung}에 대항해서 성적인 대상선택을 보호하기 위해 작동된다."[14] 다시 말해서, 사랑의 조바심에 빠진 사람은 '그의 작은타자$^{petit\ autre}$가 온전히 그의 것'이기를 바란다. 그렇게 만들기 위해 그 사람은 탈사회화된 질투의 반-권력을 행사한다. 질투하는 사람은 자신의 대상이 고립되기를, 그가 사회 조직과 단절되어있기를 원한다. 따라서 망상을 연기한 '오쟁이진 너그러운 남자'처럼(위, p. 181-182) 그는 자신의 소중한 대상을 남성 대중들에게 넘겨주는 위험을 무릅쓰고라도, 그의 대상을 차지하려는 대중들과 끈기 있게 싸운다. 복잡한 성적 관계를 참지 못하는 그에게 사회적 관계의 결국은 그런 일이 있을 수밖에 없다는 의심을 갖게 한다. 프로이트의 진술이 암시하는 것처럼, 우리는 '질투가 일어나는 것'을 일종의 '대중화'에 대한 면역성 방어로 이해할 수 있다. 따라서 질투의 크기는 자기 자신과 자신의 대상에 대한 대중들의 침입을 방어하는 '개인'의 노력에 비례한다. 말하자면, 질투하는 사람은 자신의 대상을 약탈하는 대중에 맞서 싸우는 사람인 셈이다. 우리는 버나드 쇼의 유머, "사랑에 빠진 사람은 한 여자와 다른 여자 사이의 차이를 멋대로 과대평가한다!"는 말을 프로이트의 질투와 비교할 수 있다. 어쨌든 질투하는 사람은 자신의 대상에 대한 '과대평가'를 짊어지고, 그 무게와 결과들을 감당한다.

'그룹 내에서 성행위가 동시에 이루어지는' 디오니소스제는 배타적인 질투를 혐오하고, 또 그것에 저항한다. 그런데 우리의 질투광들은 선택한 대상과의 독점적 관계가 조금이라도 느슨해지는 것 같으면 디오니소스제를 떠올린다. 다른 사람과 춤추는 부인을 보는 것만으로도 그는 파멸로 치닫는 디오니소스제를 예감하게 되기 때문이다. 디오니소스제와는 반대로 주체가 스스로 질투조항에서 독점성을 포기하는 '스와핑'도 있다. 특히 스와핑에 대한 임상은 복잡한 쟁점을 보여준다. 약속된 정결의 의무를 위반하는 것과도 같은 스와핑은 일단 주이상스를 보정시킨 것처럼 보인다. 그러나 배우자를 맞교환하면서도 성적 자유에 성적 욕망의 기한을 정해놓는 것으로 커플을 유지하고 보호하기 위한 장치를 지닌 스와핑은 질투의 대상이 없이 어떻게 욕망의 체계가 성립할 수 있는가라는 문제를 제기한다. 우리는 거기서 아버지의 메타포가 없음과 그들을 '진짜 연인들의 세계'와 상관없는 사람으로 보이게 하는 욕망 체계의 장애를 의심할 수 있다(Bataille).[15] 그것은 '오쟁이진 관대한 남자'의 망상작용과 같은 것으로서, 가장 소중한 대상을 '남성 군상들'에게 내놓는 희생의 카타르시스를 갖고 난 다음, 거기서 다시 대상을 빼내는 시도를 하는 은폐된 재정복의 야욕은 대단히 파괴적이다(위, p. 181-182).

어쨌든 질투하는 사람은 편집증 환자처럼 전적으로 자신의 생각이 옳다. 그것은 그가 현실 사회의 이면에서 어떤 성적인 내막이 있음을 감지하기 때문이다. 그러니까 그는 언제 어디서든 멈추지 않고 사회적 관계에 성적인 성격을 부여하느라, 주변의 다른 상황들을 전혀 고려하지 않는다.

결혼제도와 여성의 지위
제도화된 질투

'여성들의 교환'은 실효성 있는 '동맹 체계'를 위해 '친족의 기본 구조'에서 여성들을 내보낼16 필요에서 나온다. 결혼에 관한 법은 '근친상간 금지'의 사회학적 상관요소인 교환법칙에 근거하고 있다. 이것은 (다른 집단의) 여성을 얻는 대신 (자기 집단 속의) 여성을 금지하는 것으로 요약된다. 법은 모든 주체에게 대상선택의 의무를 부과하고, 그것을 분명하게 운명지어 놓는다. 이것은 '인간 사회'의 원칙을 함축한다. 감히 말하지만, 질투하는 사람은 그 원칙에 보다 예민한 사람들이다. "부인을 얻고자 하는 남자는 다른 남자의 — 딸이든 여자형제이든 — 양도가 필요"하기 때문이다.

문제의 질투는 상징체계의 혼란 효과와 마주하고 있는 것으로 보아야 한다. 그것이 망상질투에 빠진 것처럼, 마치 소통circulation과 함께 상징적인 법이 미쳐버린 것처럼, 무언가가 이상해졌다. 여성은 '붙잡아 둘 수 없게' 되었고, 무언가를 위해 그녀를 선택했던 과거와 미래의 많은 연인들에게 불쑥 나타날 수 있게 되었다. 잘못된 '질투 열정' 때문에 괴로웠던 지난 날을 회고하는 막심 뒤 캉의 《자살의 기억들》은 이렇게 적고 있다: "그녀와 나 사이에는 비록 눈으로 보지는 못했지만, 그녀를 가졌던 남자들에 대한 환영이 있었다. 가여운 그 여인이 눈을 감으면, 나는 그녀가 내가 아닌 옛 사랑들을 추억하려고 그런다는 생각을 했다. 그렇게 나는 단 한 번도 사랑하는 여인을 내 안에 잡아두지 못했다."17 그러면 '추억'하는 사람은 누구인가? 그녀인가, 아니면 환상과 동일시의 수단을 가진 질투하는 사람인가?

결혼이 만든 일부일처제는 질투를 제도화한 흔적이다. 여러 희곡 속에 등장하는 남편들은 '누군가에게 오쟁이진 사람'의 역할을 하고 있다. 그리하여 우리는 그들이 일상적으로 그런 위험을 감당해야만 하는 지위임을 알 수 있다. 부부관계가 시작되는 지점에서 병적인 질투가 생기는 경우도 있다. 그것은 질투가 내연관계의 추정과 상관관계에 있는 정서이고, 그것의 가장 확실한 목적은 당연히 여성의 간통이 위협하는 아버지로서의 자격을 보장하는 일이기 때문이다.

이제 '성 욕동 발달의 역사'에서 프로이트가 밝혀낸 세 상태의 법을 기억할 필요가 있다. 그 첫 번째 시기의 완전히 자유로운 '성욕동 활동기'와 그 이후 '생식을 위한 것'으로 제한되고, 마침내 '적자嫡子의 생산'만이 '성관계'의 유일한 목적으로 인정된다. 이것이 프로이트가 말한 일부일처제의 '현재 문명화된 성도덕'[18]에 해당된다. 방탕과 잡거雜居가 일상화된 첫 번째 시기에서, 질투는 당연히 낯선 것이다. 그 다음 두 번째 시기는 성적인 금지가 작동했다. 그러나 이때부터 내연 관계가 만연하고, 질투는 무르익는다. 부부간의 배타적인 소유권을 공포하는 결혼으로써 성적인 잡거는 극복했지만, 그 때문에 부부 관계는 질투의 숙주가 되는 대가를 치른다. 소위 '정숙한' '사랑'의 도구는 '정동情動, affect의 가치'를 재개하는 욕망의 조건 자체를 장애물로 만들면서 결혼제도를 정비한다.[19] 질투는 여러 감정들의 혼합물 속에서 선택된다. 그래서 왜곡된 질투 관계 속에 있는 우리의 강박증은 성적 욕망에 대한 사회적인 계약운동의 — 병적인 형태의 '정숙' — 연장선상에 있을 뿐이다. 그러므로 강박증은 병적 형태의 '정숙함'이다.

권력과 질투

만약 질투가 에로틱한 차원에서 정점을 이룬다면, 그것은 또한 순수한 경쟁의 차원, 즉 권력과 정치의 차원에도 있다. 의인화된 권력 속에서 그것의 무의식의 기능은 어떻게 설정될까?

프로이트는 '권력의 욕동'을 대상욕동에 대립된 자아욕동과 관련시킨다.[20] 권력쟁취 주변의 첨예한 질투는 일단 자아의 갈등으로 이송된다. 그렇게 질투는 '성욕동pulsions sexuelles', 혹은 대상욕동에 저항한다. 그러나 그 경쟁의 목표는 남근의 상징인 '패권'이다. 라캉이 소환한 '권력 체제'는 남근과 패권이 뒤섞인 기표의 체제이다.[21] 어떻게 보면, 거세 차원은 욕망의 기표면서 권력의 상징이라는 남근의 이원성에 걸쳐있다. 거기서 우리는 질투의 이중적인 면모를 본다. 우리가 그 대결의 냉혹성을 알고 있고, 또 인정사정 보지 않는 쟁취의 이면에 있는 정치적 경쟁심의 폭력성에는 확실히 남근에의 의지가 들어있다. 나르시시즘은 아들러처럼 권력욕동의 실체에 반격하는 타자들 사이로 들어오고, 자아의 리비도에 근거한 권력을 이미지에게 제공한다. 어떤 의미에서 나르시시즘은 자아의 리비도 위력에 대한 애착이고 권력도 자기향유$^{auto\text{-}jouissance}$나 위력감을 의미한다. '사랑'과 '정치'의 차이라면, 일반적으로 절대 권력의 왕은 사람들을 질투하지 않는다는 점이다. 이것이 원시적인 무리의 아버지에서 나온 정치체제에 대한 상징적인 해석이다(위, p. 202-205).

질투와 범죄충동

질투는 결국 (반)사회적으로 갈 수밖에 없는 범죄로서, 아주 빨리 범죄심리학의 대상이 된다.[22] 형법은 질투를 범죄의 '동력'으로 보고 있다. 외견상, 모든 것이 그럴만하다. 왜냐하면 완벽하게 배척된 애착심에 대한 좌절감을 견디지 못한 주체는 그를 버렸던 대상이나 그의 경쟁자를 죽이기 때문이다. 거기에는 극단적이고 가공할 독점욕의 논리가 개입되어 있다. 개인의 심리를 사회적 행위로 통합한 '치정 범죄'[23]와 같은 것도 독점욕의 일탈에서 비롯된 것이다. 형사사건의 범주와 정신병리학적 개념이 뒤얽혀있는 이 개념은 적어도 질투가 정상참작의 상황으로 고려될 수 있거나, 혹은 그럴 수밖에 없는 상황적인 '선'이 있다고 증언한다. 특히 멜라니 클라인은 '경쟁자의 살해'를 정당화할 수 없는 시기심과 탐욕만으로 된 파괴적인 것일 뿐이라는 견해에 반대한다. 그녀는 그것을 '배신한 사람을 향한 사랑에서 비롯'된 것이라고 주장한다.24 심각하게 질투하는 사람은 어쩌면 '청산'할 수 있을지도 모른다는 허울을 갖고서 광적으로 추구한 '선善'으로 파괴적인 행동을 할 수 있다는 점에서 사회적 증상이 된다.

그러나 한편 무의식 차원에 있는 질투 사례를 분석하면, 잡다하고 복합적인 성격이 보인다. 또한 질투로써 저지른 죄 자체는 무의식의 논리가 사회적인 [행동의] 계기가 된다는 의미를 지닌다. 위에서도 이야기했지만, 자신의 대상을 '사람들'과 격리시키기를 원하는 질투하는 사람은 자신이 열망하는 죽음 이후의 세계에서 영원한 둘 만의 삶을 위해 그를 죽음으로 몰아간다. 이제 그는 사법기관과 사회의 권위 앞에서 자신의 당혹스러운 논리를 해명해야 한다.

사랑하는 대상과 라이벌을 파괴하는 증상–행위 acte-symptôme는 보통 사람이 갖는 정상적인 질투의 요소들을 입증한다(위, p. 43 sq).

- 먼저 질투와 떼어놓을 수 없는 나르시스가 입은 상처는 자신에게 그런 상처를 입힌 존재를 없애려는 의지에 동기를 부여한다. 거기에 본성Nature과 큰타자에 의한 잘못되었거나 정의롭지 못한 행위라는 점을 고려해서 '예외'[25] 로 간주되는 주체에 관해 생각할 필요가 있다. 셰익스피어가 그린 리차드 3세의 증오는 보편적인 질투 형태이지만, 그것은 배신의 망상 — 자신을 조롱한 추정된 진실 — 에서 회복되기 위해 살인을 하게 한다.

- 특히 거기에는 죄의식이 작동하고 있다. 그래서 질투로 인해 죄를 지은 사람들은 행위 이전에 이미 벌을 받아야 한다고 느끼는 '죄의식을 의식한 죄인들'[26] 이다.

질투의 미움에서 '이웃사랑'으로
질투의 종교적 해법

질투가 심각하게 탈 상징화되는 데서 범죄가 나온다면, 질투의 논리를 끊고서 '해결'을 찾아내는 노력으로 법Loi과 자비, '이웃사랑'에 도움을 청할 수 있다. 이것은 종교의 도움을 상징화한다. 자비와 사랑이 질투와 미움의 해독제가 될 수 있는 것은 그것이 상상의 효과를 감소시키기 때문이다.

구약성서의 야곱과 천사의 싸움은 동생 '야곱'이 형 '에서'와의 목숨을 건 결정적인 대결의 순간을 상징화하고 있다.27

신약성서의 질투 사상은 상상계를 추락시키면서 물物, la Chose 의 자리에 미워하는 타자를 가져다 놓는다. 따라서 질투로 인해 괴로웠던 아우구스티누스의 아이는 사랑의 출현으로 되돌아볼 수 있게 된다. 그러나 프로이트는 '이웃사랑'의 작용에 관해 유보적이었다.28

지라르의 '모방mimétisme'이론은 '속죄양'인 그리스도에 의지해야만 조정 가능한, 그리고 그러한 희생 논리 너머의 세상에서만 벗어날 수 있는 적대적인 형제간의 질투에서 유래한 성격을 강조한다.29 프로이트는 모방의 어떤 본능도 고립시키지 않으면서, 거기서 오히려 욕망하는 대상성objectalité의 나르시스적인 남근의 강렬함을 보는 입장이다.

신성한 큰타자의 부름은 상상계의 포착 효과를 떨어뜨려서 질투대결에서 벗어나는 기능을 한다. 따라서 질투하는 사람의 일탈은 — 정의와 상관없이 자신의 경험을 척도로 타자를 판단하는 부당한 원리에 근거한 — 자기 파괴적인 열정으로써 사회적인 것을 자신의 망상의 경계境界로 가져간다. 만약 그것이 자비에 대한 도발이라면, 대립 추론에 의해 '이웃'의 사상을 세울 수 있다.

'질투하는 신'
유일신

질투의 상징적인 기능은 성경의 《출애굽기》와 《신명기》[30]의 대단히 근본적인 다섯 문장 속의 '질투하는 하느님$^{Dieu\ jaloux}$'을 초점으로 요약된다. 히브리 사람이 그 용어를 오로지 신성한 주체^{Sujet}에게만 사용했다는 점을 생각하면, 우리는 그 의미를 이해할 수 있다. 그것은 때로 삼인칭으로 말해지기도 한다 : "여호와는 질투라는 이름을 가진 질투의 하느님이다"(출애굽기 34:14). "너희 중에 계신 너희의 하느님 여호와, 질투하시는 하느님이 네게 진노하사"(신명기 6:15). 또한 일인칭으로 자신을 밝히는 말에도 나온다 : "나는 질투하는 하느님이다"(출애굽기 20:5). 그런가 하면 상대방에게 자신을 확인시키는 말에서도 나온다: "나 네 하느님 여호와는 질투하는 하느님이다"(신명기 5:9). 그러면 하느님은 어떻게 자신의 질투를 드러낼까? 또 무엇에 대해, 누구에 대해 질투할까?

성경의 질투는 우상숭배의 거부와 직접적으로 연관되어 사용되었다. 거기서 우리는 처음으로 경쟁자라고 생각할 수도 없는 다른 신, 즉 우상이라는 가짜 신을 사람들이 섬기는 것을 허용하지 않는 신성의 배타성 선언을 읽는다. 구분된 존재인 유일한 그분은 '진노'(신명기 6:15)와 그런 '타락'에 대한 위협으로써의 벌을 자손대대에 걸친 '미움'의 형태로 해석되도록 말한다.

그러나 자기 백성을 향한 배타적인 신의 사랑Amour의 표시가 — 종교를 정의하는 투사 논리 기능으로 정당화된 — 만들어 낼 신인동형의anthropomorphique 불가피한 해석너머로, 신의 질투Jalousie는 유일신의 언표행위 자체로 이해되어야 한다. 그것은 여러 존재들 가운데 하나로서가 아니라 '단 하나의' 존재라는 — 명실상부한 유일신교 — 사실로써 진술된 존재론적인 정서와 관련되어있다. 단 하나-유일Un-Seul은 질투의 새로운 개념을 전제하고 요청하는 존재가 된다. 그것은 무리의 아버지가 — 우리가 보았던 것처럼 불관용을 질투의 특징으로 하는 — 아닌 인류의 아버지^{Urvater}로서 그의 법^{Loi}의 상징적인 절대성(그의 상징적인 폭력성)에 근거한다. 그의 유일성에서 신의 말^{Parole}은 틀림없다는 성격을 갖는다. 그래서 거짓 증언이나 비방과 같이 말의 변조나 왜곡 및 이중 잣대를 사용하는 것과 같은 것은 허용될 수 없다. '공유할 수도' 분할할 수도 없는 하느님^{Dieu}을 필요로 하는 그의 법^{Loi}은 '장난삼아 말하지 않는다.' 질투의 선언으로 인해 신성의 큰타자^{Autre}는 자신을 주체로 선언한다. 다른 유사 신에게 보내는 경배는 근본적으로 욕망을 '위조'하고 손상시키는 것으로서, 유일신에게는 견딜 수 없는 배신행위이다. 따라서 사람들이 만나는 하느님은 다른 숭배물들처럼 주이상스를 요청하기보다 자신의 욕망을 드러내는 존재이다. 신의 질투^{Jalousie}에서 우리가 알 수 있는 것은 스스로 유일한 존재임을 알고 있는 그에게 질투는 신성의 분산에 대해 대단히 민감하다는 것을 사람들에게 알게 하는 것 말고는 없다. 질투의 표현은 사람들에게 진리를 알려준다는 데에 근거한 교리가 아니라, 유일신의 무한한 주체화의 문제이다. 그것은 불관용의 산물이기보다, 유일신 옆에 다른 것을 놓으려하는 사고를 견디지 못하고 기피하는 것으로 보아야 한다. 그러니까 그것은 일관된 신의 비타협적인 욕망 Désir의 진술이 된다.

'유일신이 있다'는 가정에서 — '시니피앙'의 효과(라캉)로써 — 고유한 질투가 만들어진다. 두려워하게 만드는 것은 '지식의 근원'(시편)으로서의 두려움이다. 실제로 유일신은 전지전능해서, 그가 가진 지식과 그가 한 행위는 무조건 틀릴 수 없는 정당한 것이다. 어떤 인간도 그런 신의 질투와 동일시되지 못한다. 그런데 그런 신의 질투는 그것이 겨냥한 특수층의 것이 되어 '선택되었다고' 느끼는 인간의 욕망을 지탱시켜준다. 주체는 신의 질투 위에서, 혹은 그것 덕분에 자신의 욕망의 근거를 찾을 수 있다. '유일신교'에 무의식적인 의미를 부여하는 욕망의 '단 하나의 특징trait unaire'은 다신교가 흐려놓은 본래의 유일신으로 회복시켜준다.[31] 유일신의 이름을 헛되이 부르는 '죄'는 유일성의 의미 자체에 타격을 가하는 외설적인 위험에서 유래한다. 여기서 우리는 (그들의 우상숭배적인 면에서) 너무나 인간적인 상상적 차원의 '소소한 질투들'과 상징체계를 의미하는 전혀 다른 체계의 욕망을 지정하는 신의 질투 간의 완벽한 분리를 본다. 따라서 질투는 상징계의 쟁점으로 자리 잡는다.[32]

결(結)

"어떤 사람이 오로지 자신의 직관에 의존해서 무슨 수를 써서라도 파괴하고 싶을 만큼 그 타자가 밉고 질투하게 된다는 말을 듣는다면, 어떤가? 너무 이상해 보이지 않는가?"

거의 감탄에 가까운 이 의문형의 진술은[1] 라캉이 질투 연구의 말미에서 한 것으로, 주체에서 질투까지 타자와 그 너머 큰타자의 욕망에 사로잡힌 대상 문제에 더없이 중요한 접근을 하게 해주는 역설적인 질투를 그리고 있다.

질투의 메타심리학 (요약)

제시된 검증들을 통해 밝혀진 질투의 메타심리학적 초상은 주체와 대상 그리고 타자가 마주치는 지점에서 그들 각자의 입장에 대한 질투의 무의식적 질투의 의미를 제안한다.

- 대상: 상실과 그에 상응하는 고통의 기록
- 주체: 나르시시즘의 상처와 죄의식의 영역
- 타자: 경쟁과 욕망이 교차되는 주제

질투로 인해 새로이 만들어진 관계에서, 주체와 대상은 타자와의 **동일시**로써 공유영역을 갖는다. 동시에 질투는 의식과 무의식의 양쪽 시스템을 모두 작동시키는 **정서**와 **환상**이 혼합된 형성물을 내보낸다.

정서는 의식과 무의식의 두 시스템에 속해서, 교환기 역할과 억압활동을 한다. 익히 잘 알고 있는 어떤 것과 주체도 모르게 움직이는 그 어떤 것의 우연한 만남으로 정서는 말할 수 없이 아픈 통증을 느낀다. 마조히스트의 영향을 받아 질투의 대상은 압축되고 환상과 흥분의 작업이 개입한다. 질투 경험은 마조히스트의 차원이 포함될 때, 마조히스트의 본성, 곧 **환상**의 무의식적인 동력 자체에 의지한다.

현실적인 차원에서, 질투는 투사를 전반적인 수단으로 하면서 반복적으로 작동된다. 질투하는 사람은 자기 자신의 배신의 소망이나 동성애적인 충동을 이해함과 동시에, 이동 déplacement에 의한 역류와 왜곡의 방식으로 억압하는 데 성공한다. 따라서 실재에서 망상은 질투 관계의 열쇠이다.

질투의 '세계'

질투는 역동적이고 경제적인 무의식의 전략과정에서 생긴 사건으로, 심리현상이기 보다는 일종의 인식의 방식이다. 질투는 우리의 출발점이었던 프로이트의 주장에 가치를 더하는 것으로, '안'과 '밖'의 위험한 경계에서 정상적이거나 병리학적인 무의식의 진행과정에 없어서는 안 되는 어떤 것에 접근하는 길이 된다.

다니엘 라가쉬는 자신의 ≪사랑과 질투≫의 머리말에서 '정신분석의 환원'을 '감각의 현실을 부정하고 생생한 경험의 명백한 의미와 의식의 증언들을 과소평가'하는 것이라고 의심했다.[2] 그래서 그는 근본적인 진단과 함께 '질투경험'의 진술을 위한 임상심리의 주관적인 경험을 가져온다. 그는 정신분석이 무의식의 질투 메커니즘들을 검토하면서 질투하는 사람이 '살아온 방식'에 대한 주관적인 의미가 있는 근원과의 관계를 잃어버릴 위험이 있다고 한다. 그런데 거기에는 프로이트의 실제 입장 자체보다 훨씬 세속화된 '인과론'이 적용되고 있다. 현재 검증된 바로는 [주체는] 경험과 의미 사이, 즉 실존적인 질투와 무의식적인 의미 사이에서 선택한 적은 없다. 무의식의 역학은 질투에 현혹되어 있는 순간에 주체에게 작동되고 있는 것의 중심에 이른다. 요컨대 정신분석은 무의식의 숨겨진 부분에 있는 질투의 세계를 밝혀낸다.

질투하는 사람의 유희
배신

주체는 은밀하게 배신을 즐기고 있다. 그리고 바로 이것이 고통의 경험과 대비되는 질투의 무의식이 보여주는 것이다. 그는 자신의 욕망 개념에 충실하기 위해 대상이 그를 거부해 주기를 바라는 고통 속에서 자신의 주이상스를 찾고 있다. 그것은 베르글레가 찾아낸 '거부된 욕구$^{besoin\ d'être\ refugé}$'3 에 대한 설명이고, 배신당한 욕구는 그것의 한 '지류'가 될 것이다. 이 숨겨진 '구강 마조히즘'에서 질투는 자신만의 색을 갖는다. 실험을 통해 입증된 것은 질투하는 사람은 자신의 소유권을 자발적이고 무의식적으로 포기한다. 그리고 '박탈된 사랑$^{dé\text{-}préféré}$'의 고통을 즐긴다. 그는 사랑의 덫에 걸린 쥐처럼 아프게 거세를 경험한다. 그는 그 어떤 '칼'보다도 행복과 질투전선을 가리고 있는 거세의 그늘이 더 두렵다.

대상관계와 타자와의 변동된 관계들, 또한 여성과 남성이 함께 하는 게임들 너머로 눈앞에서 벌어진 것들이 분명해진다. 욕망하는 주체는 자신의 대상에 대한 욕망을 타자의 욕망으로 경험한다. 질투는 주체의 이타성과 욕망의 내적 왜곡을 가볍게 하기 위해 튀어나온다. 다시 말해서, 욕망하는 주체의 욕망은 자기 자신으로서가 아닌, 타자로서의 욕망이다. 그래서 그는 욕망의 대상과 멀어지고, 사랑의 경쟁자와 복잡한 관계를 만든다. 그는 라이벌을 통해 자신의 욕망에 일관성을 갖게 되기를 기대한다. 왜냐하면 그는 경쟁자의 욕망 흔적 위에서 비로소 자신의 욕망을 다듬거나 재작동시킬 수 있기 때문이다. 그리고 그가 경쟁자를 욕망의 보조자로 '끌어들이는' 것은 욕망하는 고통으로써 가벼워지는 것을 원하기 때문이다.

질투하는 사람은 여간해서는 '속지 않는 사람$^{non\text{-}dupe}$'같다. 그리고 그는 다른 사람들에게 '속기 쉬운 사람'이 될 우려가 있다는 것에서 벗어나려다가 '방황한다' (…) 질투는 사람들에게서 얻어내고 싶은 자백들 중 하나인 진실의 광기로 인한 가장 극적인 방황 형태들 중 하나이다. 그리고 그는 그 편집증적인 발작의 끝에서 마조히즘적인 자신의 승리를 발견한다.

오쟁이진 사람은 자신의 대상을 되찾으려는 속마음을 감추기 위해 가면을 쓴 낯선 사람이 되어 자신의 가장 소중한 것을 양보하는 '관대함'을 보여준다. 질투로 '이상해진 사람'은 남성 욕망의 비장함을 말해준다. 그는 자신의 광기를 보여줄 수밖에 없다. 그에게 중요한 것은 보이는 세계의 경쟁자에 대항할 뿐 아니라, 원 소유주(主), Propriétaire d'orgine에 대항한 가망 없는 싸움을 주도하는 것이다. 그래서 그의 광기는 인류의 아버지 Urvatar라는 이름의 '유일한 사람^{Un}'에서 나온다. 사람들은 자신의 욕망을 향해 발걸음을 내딛으면서, 그 대단한 질투를 인류의 아버지가 하는 질투로 — 진짜 '자기도취' 성향의 — 느낀다. 그렇게 이 비열하고 '관대한' 패자의 패배는 예정되어 있다. 그러나 그는 자신이 사랑하는 대상에 대한 희생적인 행위 속에서 만족을 찾고, '모호한 신'에게 보내는 그의 희생은 죽음의 욕동, 즉 타나토스를 만족시키기 위해 가장 소중한 자신의 대상을 헐값에 넘기는 타락한 에로스의 욕동에서 실력을 발휘한다.

가장 미친 질투는 남근숭배의 온갖 요소를 모두 결합시킨 것으로, 욕망하는 주체는 모두 자신의 욕망 속에서 둘로 분열된 것처럼 움직이는 폴리치넬라[옛 이탈리아의 희곡에 등장하는 어릿광대 꼽추로, 익살스러운 인형극에도 등장한다]의 비밀을 폭로한다. 라캉은 한 마리의 수사자와 두 마리의 암사자가 질투하지 않고 평화롭게 동거하는 것을 보고 농담처럼 "사자는 둘 이상을 셀 줄 몰라서 그런다"[4]고 말한다 어쩌면 인간이 질투로 불행한 것은 인간 주체가 그렇게 생긴 탓이 아닐까?

욕망 vs. 주이상스
질투의 재앙

라캉은 "사랑의 이름으로 주이상스는 욕망에 응해준다"[5]고 한다. 이것은 주이상스가 사랑의 메타포를 망가뜨리거나 욕망의 결핍을 문제 삼지 않을 위험이 있는 어이없는 현실에서 절대적인 힘을 가졌음을 의미한다. 질투가 재앙인 것은, 주체가 자신의 욕망과 사랑을 확신했고 주이상스에 지불해야만 하는 어마어마한 대가를 잘못 평가한 데 있다. 그래서 크롬멜랭크의 희곡에서 브뤼노는 스텔라만 보면 불안해진다. 그녀의 내면에는 그만이 알아차릴 수 있는 열정적인 주이상스의 막대한 힘이 숨어있기 때문이다.

몰리에르의 《여인들의 학교》에서 순진한 아녜스의 배신을 알리는 임무를 맡은 아르노프는 다른 여인들과 같지 않은 아녜스의 매력이 무엇인지 알아내야만 한다. 따라서 그녀가 '의

도한 것은 아니지만' 결과적으로 다른 사람들이 유혹을 느낄 때, 그는 "그녀의 부드러움은 내 마음에 기분 좋은 설렘으로 차올라서, 나도 모르게 감동을 받는다"고 한다. 또한 질투하는 사람의 가장 비장한 고백을 받아낼 때, 그는 이렇게 탄식한다.

"오 불가사의한 운명의 유감스러운 시험이여!
시험관은 어디서 홀로 그 모든 불행을 겪고 있는지!"6

너무나 순진한 아녜스는, 실질적으로 퇴폐적인 합성이 이루어질 수 있도록 작은 것 이상의 유혹하는 동작을 끊임없이 요구하는 자신의 '시험관'에게 애교어린 그 어떤 것도 하지 않는다. 이것이 질투하는 사람의 괴로움이다. '시험관'은 타자가 알지 못하는 주이상스의 증인이기 때문에 고독하다.

질투너머의 질투를 한 '메데아'

이번에는 아주 심각한 여성의 질투를 생각해보자. 우리는 양성 모두 질투하는 사람들의 욕망이 거세 속에서 사로잡혀있을 때 보여주는 질투의 광기가 여성과는 상관없는 것으로 생각할 수도 있다. 라캉이 그의 세미나 말미에서 부연 설명이 필요한 '여성적인 사랑의 본성 안에' 질투 본성이 있다는 말을 강조한 적이 있다.7

전설적인 비운의 초상, 메데아는 그리스 신화에서 제이슨과의 사랑에 빠진 마술사이다.8 그런데 제이슨은 권력과, 너무나 인간적인 사랑스러운 공주에 대한 사랑 때문에 그녀를 배신한다. 그로 인해 씻을 수 없는 상처를 갖게 된 메데아는 제이슨과의 결혼에서 얻은 자신의 어린 아들을 살해하는 방식으로 끔찍한 복수를 한다. 그렇게 그녀는 어머니이기보다 여자이고 싶은 단호함을 드러내고, 자신의 사랑을 앗아간 공주에게도 겉옷에 독약을 뿌려놓는 가장 잔혹한 방식의 복수를 한다. 그러나 자세히 보면, 그녀는 사랑의 경쟁자로서 단지 복수를 하는 것에 멈추지 않는다. 메데아의 질투는 — 본래적 의미에서 — 여성성의 명예에 대한 것이다. 그리고 자신을 거부했던 남성에 대한 그녀의 극단적인 행위는 거부로 인해 당한 참혹한 망신을, 그로 인해 라캉이 말하는 '진짜 여자$^{vraie\ femme}$'가 된 것을 의미한다.

죽은 대상을 두고 질투한 '햄릿'

햄릿의 질투는 죽은 오필리아 곁에서 울고 있던 그녀의 오빠 레어티스를 보면서 갑자기 시작되었다. 라캉은 그 '애도의 질투'에 관한 주장을 하면서 햄릿에서 본 질투, 이제는 불가능해진 대상과의 사랑에 대해 다르게 해설한다. 이 장면이 아주 흥미로운 것은, 우리로서는 슬픔에 잠긴 사람을 질투한다는 것이 이해하기 어렵기 때문이다. 또한 살아있던 오필리어를 가혹하게 대했던 사람이 죽어가는 그녀를 보면서 자신의 여자였음을 알게 된다는 것도 쉽게 이해되지 않는다. 그런데 햄릿은 슬퍼하는 그녀의 오빠를 보면서, 그녀가 자신의 욕망의 대상이라는 확신을 갖는다. 오필리어는 침묵으로써 불가능해 보였던 대상의 지위를 되찾았고, 햄릿 한 사람의 사랑이 '오빠 수만 명'의 사랑보다 더 크다고 웅변한다!

중요한 것은 질투와 애도의 대상이 밀접한 관계로 ― 그 문제에 관한 프로이트의 초기 주장들을 전부 지지하는 것 ― 확인된다는 점이고(위, p. 46-48), 인간 욕망의 강박적인 조항에서 알게 된 변증법에 따르면, 고인이 되면 불가능해보이는 대상으로서의 입지를 갖는다는 점이다. 그래서 햄릿은 그녀의 흔적과 친구들 속에서, 그리고 주검이 된 대상과 무장한 오빠의 눈물이라는 기괴한 합성에서 작열하는 욕망을 느낀다. 그것으로써 햄릿은 호소망상의 애도, 질투와 뒤섞인 정신병리학의 축이 우리에게 그려내 보이는 것을 요약하고 있다.

대상숭배에서 독점욕의 광기까지

질투는 상상계(시기심으로 향하는)에서 상징계(욕망으로 향하는)까지 (남근적인) 대상을 구체적으로 조성한다. 프로이트는 《세 편의 에세이》에서 고대의 에로티시즘이 욕동을 강조한다면, 현대의 에로티시즘은 대상숭배를 특징으로 한다고 적고 있다. '고대인과 현대인의 연애에서 가장 결정적인 차이'는, '고대인들은 욕동을 강조하는 반면, 우리는 그것을 대상으로 이동시킨다'는 점이다.[9] 이는 자신의 욕동의 생명력을 '변호'하면서 '대상이 될 만한 특징'을 부각시킨다. 그리고 그런 특징은 대상의 우월성이 되어 '독점욕의 조항'과 관련된다. 따라서 질투는 '현대적인' (…) '대상 정치politique' 정서로 강요된다. 욕동의 숭배가 그것의 경제가 된다면, 대상의 이상화는 '사랑'이 짙어

진 '그늘', 곧 질투를 강요한다 (프루스트).[10]

돈 주앙은 한 사람씩 차례대로 유혹할 여자를, 그렇게 단 하나의 대상을 찾아다닌다. 순환하는 그의 욕동은 정복과 유기를 반복하면서, 독점욕의 조항을 파기한다. 남편들의 질투를 키우던 돈 주앙은 정작 질투가 무엇인지 알지 못한다. 그가 결투를 신청한 상징화된 아버지 형상인 그 늙은 기사 Commandeur를 제외하면, 그에게는 경쟁자가 없었다.[11]

결국 질투는 거세의 명령 속에서 주체가 취한 것을 보여주는 극적인 정서이다. 욕망을 위한 대상은 거세를 명하면서 치유하는, 대체불가이면서 대리물이라는 양면성의 대단히 위험한 지위를 갖는다.

전이의 질투 속 질투 윤리

질투의 호소는 정의를 조롱하고 자비에 도전한다. 질투하는 사람은 본능에서도 의지에 있어서도 정의롭지 않다. 그는 절대적으로 이상한 자신의 편견을 씻으려하지도, 가장 가까운 주변사람들에게 가혹하게 구는 정상을 벗어난 정서를 보편적인 기준에 맞추려하지도 않는다. 그렇지만 큰타자의 요청에 의한 자비는 질투하게 된 자아가 빠진 궁지에서 나올 수 있게 한다. 그러므로 인간학은 질투의 해독제가 될 수 있다.

정신분석에서, 전이는 기원적인 질투와 그 출구의 재경험을 출발시킨다. 전이된 사랑은 그 혼합물 안에 독점의 차원을 ― 아주 간단한 독점욕으로 '나의' 분석가가 되게 하는 ― 허용한다. 만약 분석주체가 '자신의 집착이 작동하기를 원한다면'[12] 질투와 그의 장비는 하나의 세트가 된다. 그는 Anspruch[권리의 주장, 요청], 그러니까 Wunsch[소망, 원하는 대상]에 대한 일차적인 요구사항을 다시 경험한다. 이웃에 대한 사랑으로 승화시키는 것이 아닌, 분열된 내면의 진실과 대면하고, 그 집착을 인간 분석가에게 되풀이하면서 주체는 출구를 발견한다. 정신분석은 욕망하는 자아의 질투를 '전이의 질투'로 변형시킨다. 그리고 그것은 상상계에서 상징계로 넘어갔다는 점을 시사한다.

내가 나를 질투하기
박해망상

믿기 어려운 질투의 비밀은 주체가 사랑에 빠지자마자 자기 욕망의 이타성에 지배당하고, 자기 대상의 상실을 감당하는 것이라면, 그는 자기 자신을 타자로서 시기하게 된 것으로 보아야 한다. 프로이트는 그러한 '잘못된 시선'에 대한 맹신을 탁월한 방식으로 부각시킨다(위, p. 65-66). 그래서 질투하는 사람이 자신을 소외시키게 된 자신의 시기심에 대한 (…) 두려움을 정당화하기 위해 위협적인 대상의 형태로 상상의 경쟁자를 모집한다. 그것은 라캉의 주석대로, '시선의 가르는 힘'과 시선을 사로잡는 어떤 것에의 매혹*fascinum*이 된다.[13] 주체가 소유권 상실에 대한 질투의 두려움 속에서 보게 되는 것은 다름 아닌 자신의 대상을 보는 견디기 힘든 질투의 시선이기 때문에, 자신에게 매혹당한 경우에도 시기심과 질투의 원리가 있다.

결국 주체는 자신의 것이라고 믿고 있는 주이상스의 한복판에서 자기 자신을 질투한다. 그는 대상이 된 자기 자신 — 최근 분석에서 찾아낸 경쟁자로 일시적으로 그를 가볍게 해주는 — 으로 인해 박해망상증이 된다. 한 마디로 기저의 우울감이 박해망상의 발작으로 치유되는 상황이다! 타자가 자기 대상을 질투하는 것은 그 고통의 핵심에서 벌충의 비밀을 찾는 일이다. 불안한 정서는 기만하지 않는다. 그러나 질투는 사실과 사실 같아 보이는 것 사이에 매달려 있는 인간 욕망의 진실을 말하는 것으로서, 그것의 모든 몸짓은 기만의 정서로 들어차있다.

주(註)

* 인용된 본문은 책 번호는 로마 숫자로, 페이지는 아라비아 숫자로 표기한 Gesamelte Werke, Fischer Verlag의 것을 원전으로 저자가 새로 번역했다.

서(序)

1 Lettre à Ludwig Binswanger du 7 janvier 1920, in Sigmund Freud, Ludwig Binswanger, *Correspondance* 1908-1938, Calmann-Lévy, 1995, p. 223.
2 *Sur quelques mécanismes névrotiques dans la jalouisie, la paranoïa et l'homosexualité*, G.W. XIII, 195.
3 Margot Grzywacz, "Jalousie dans langue romanes", cité par D. Lagache, *La jalousie amoureuse*, PUF, 1947 ; rééd. "Quadrige" 1997, p. 369.
4 Article "Jalousie", in *Trésor de la langue française*.
5 Lettre de Freud à Fliess du 22 décembre 1897, in S. Freud, *Lettres à Wilhelm Fliess 1887-1901,* PUF, p. 365. P.-L. Assoun, "Psychanalyse et addiction", in *Addictologie clinique*, sous la direction d'Eric-Pierre Toubiana, PUF, 2011, p. 27.
6 P.-L. Assoun, "La folie de l'idéal ou l'inconscient fanatique. Figures de la Schwärmerei", in "Pourquoi le fanatiäsme", *Penser rêver* n° 8, Éditions de l'Olivier, 2005, p. 169-188.
7 Marcel Proust, *Albertine disparue*, Grasset, 1987.
8 Paul Bourget, *Physiologie de l'amour moderne*, p. 162.
9 Daniel Lagache, *La jalousie amoureuse, op. cit.*
10 *Revue française de psychanalyse*, tome V, n° 3, 1932, p. 391-401.

11 P.-L. Assoun, *L'excitation et ses destins inconscients*, PUF, 2013.
12 P.-L. Assoun, *Frères et sœurs, Leçons de psychanalyse*, Economica, 2ᵉ éd., 2003.
13 P.-L. Assoun, *Leçons psychanalytiques sur le fantasme*, Economica, 2007.
14 P.-L. Assoun, *Leçons psychanalytiques sur le transfert*, Economica, 2007.
15 P.-L. Assoun, *Le couple inconscient. Amour freudien et passion postcourtoise*, Anthropos/Economica, 1992; 2ᵉ éd., 2004.
16 P.-L. Assoun, *Leçons psychanalytiques sur Masculin et féminin*, Economica, 2005.

1

1 *Sur quelques mécanismes névrotiques dans la jalousie, la paranoïa et l'homosexualité*, G.W.XIII, 195.
2 P.-L. Assoun, *Introduction à la métapsychologie freudienne*, PUF, Quadrige, 1993.
3 *Sur quelques mécanismes névrotiques dans la jalousie, la paranoïa et l'homosexualité*, G.W.XIII, 195.
4 *Deuil et mélancolie.*
5 Ovid, *Les Métamorphoses*, livre III.
6 P.-L. Assoun, *Le préjudice et l'idéal. Pour une clinique sociale du trauma*, Antropos-Economica, 1999 ; 2ᵉ éd., 2011.
7 P.-L. Assoun, "Portrait métapsychologique de la haine : du symptôme au lien social" in P.-L. Assoun, Markos Zafiropoulos, *La haine, la jouissance, la loi*, Anthropos-Economica, 1995, p. 129-163.
8 *Sur quelques mécanismes névrotiques dans la jalousie, la paranoïa et l'homosexualité*, G.W.XIII, 195.
9 P.-L. Assoun, *Leçons psychanalytiques sur le masochisme*, Economica, 2ᵉ éd., 2007, p. 44 s.

10 *Trois essais sur la théorie sexuelle*, III, G.W.V, 130.
11 *Sur l'éclairecissement sexuel des enfants*, G.W.VII, 22.
12 *Les premiers psychanalystes. Minutes de la société psychanalytique de Vienne*, séance du 1er mai 1912, t. IV, Gallimard, p. 123.
13 Lettre de Freud à Fliess du 1er août 1899, in *Lettres à Wilhelm Fliess, op. cit.*, p. 460.

2

1 *Sur quelques mécanismes névrotiques dans la jalousie, la paranoïa et l'homosexualité*, G.W.XIII, 195.
2 *Op. cit.*, G.W.XIII, 196.
3 *Revue française de psychanalyse, op. cit.*
4 Anna Freud, *Les mécanismes de défense*, 1936.
5 *Remarques sur un cas de paranoïa décrit autobiographiquement*, III, G.W.VIII, 302-303.
6 *Sur quelques mécanismes névrotiques dans la jalousie, la paranoïa et l'homosexualité*, G.W.XIII, 196.
7 M. Klein, *Notes sur quelques mécanismes paranoïdes*, 1946.
8 *Psychopathologie de la vie quotidienne*, ch. XII, G.W.IV, 306.
9 *Psychopathologie de la vie quotidienne*, G.W.IV, 287-288.
10 *L'inquiétante étrangeté*, G.W.XII, 253.
11 *Sur quelques mécanismes névrotiques dans la jalousie, la paranoïa et l'homosexualité*, G.W.XIII, 197.
12 J. Lacan, *Le Séminaire III, Les psychoses*, 7 décembre 1955, Seuil, p. 57.
13 J. Lacan, *Le Séminaire III, Les psychoses*, 11 janvier 1956, Seuil, p. 89.

3

1 *Sur quelques mécanismes névrotiques dans la jalousie, la paranoïa*

et l'homosexualité, G.W.XIII, 197.
2 Lettre de Freud à Jones du 28 janvier 1921, in Sigmund Freud Ernest Jones, Correspondance 1908-1939, PUF, 1998.
3 Lettre à Max Eitingon du 23 janvier 1921, in Sigmund Freud Max Eitingon, Correspondance, 1906-1939, Hachette, p. 247.
4 Lettre à Max Eitingon du 4 février 1921, in Correspondance, op.cit., p. 253.
5 Marcel Proust, Albertine disparue, Bernard Grasset, 1987.
6 Sur quelques mécanismes névrotiques dans la jalousie, la paranoïa et l'homosexualité, G.W.XIII, 196.
7 Constructions dans l'analyse.
8 Sur quelques mécanismes névrotiques dans la jalousie, la paranoïa et l'homosexualité, G.W.XIII, 198.
9 Victor Margueritte, La Garçonne, 1922.
10 Sur quelques mécanismes névrotiques dans la jalousie, la paranoïa et l'homosexualité, G.W.XIII, 200.
11 Op. cit., G.W.XIII, 201.
12 "Grande est la Diane des Epésiens", G.W.VIII, 361.
13 Abrégé de psychanalyse, ch. 8, G.W.XVII, 132.
14 Leçons d'introduction à la psychanalyse, XXVIe, G.W.XI, 440-441.
15 Op. cit., G.W.XI, 441.
16 Sur quelques mécanismes névrotiques dans la jalousie, la paranoïa et l'homosexualité, G.W.XIII, 199.
17 Op. cit., G.W.XIII, 202.
18 Le délire et les rêves dans la 'Gravida' de Jensen, ch. II, G.W.VII, 71.

4

1 J. Lacan, Les complexes familiaux, in Encyclopédie française, t. 8, 2e partie, section A 'La famille', 1938; Navarin, 1984; Autres

Écrits, Seuil, 2000.
2. P.-L. Assoun, *Leçons psychanalytiques sur l'angoisse*, 4ᵉ éd.
3. S. Freud, *Inhibition, symptôme et angoisse*, ch. XII, Annexe C, G.W.XIV. 202-203.
4. Erik Porge, "Un écran à l'envie», in "La frérocité", *Revue du Littoral* nº 30, E.P.E.L., p. 11-21.
5. Saint Augustin, *Confessions*, livre I, section 7, Desclée de Brouwer, p. 293.
6. J. Lacan, *Les complexes familiaux*, p. 8; *L'agressivité en psychanalyse*, in *Écrits*, p. 114-115; *Le Séminaire VI. Le dsir et son interprétation*, 11 février 1959.
7. J. Lacan, *Quelques réflexions sur l'ego* (Some Reflections on the Ego), in *Petits écrits et conférences* 1945-1981.
8. J. Lacan, *Le Séminaire XX, Encore*, 1975, p. 91.
9. J. Lacan, *Les complexes familiaux*.
10. P.-L. Assoun, *Corps et symptôme. Leçons de psychanalyse*, Economica, 1997 ; 2004.
11. J. Lacan, *Le Séminaire XI. Les quatre concepts fondamentaux de la psychanalyse*, 1964, Seuil, p. 106.
12. P.-L. Assoun, *Le regard et la voix, op. cit.*, Leçon X, "L'objet de supplément : le regard et la voix de Freud à Lacan", p. 83 s.
13. Saint Augustin, *Confessions, op. cit.*
14. J. Lacan, *Le Séminaire I. Les écrits techniques de Freud*, 5 mai 1954 ; Seuil, p. 193.
15. J. Lacan, *Le Séminaire XI. Les quatre concepts fondamentaux de la psychanalyse*, Seuil, p. 106.
16. *Op. cit.*, p. 106.
17. J. Lacan, *Les complexes familiaux, op. cit.*
18. J. Lacan, *Le Séminaire XI. Les quatre concepts fondamentaux de la psychanalyse*, Seuil, p. 105.
19. M. Klein, *Envie et gratitude*, ch. I, Gallimard, p. 18.

20 P.-L. Assoun, "Inconscient du mal, mal inconscient. Figures freudiennes du Bien et du Mal", in "Le Mal t.1", *Topique*, L'Esprit du temps, 2005, p. 23-33.
21 J. Lacan, *Quelques réflexions sur l'ego*.
22 J. Lacan, *Les complexes familiaux*.
23 J. Lacan, *Le Séminaire IX. L'identification*, 14 mars 1962.
24 J. Lacan, *Le Séminaire XX. Encore*, 20 mars 1973, Seuil, p.91.
25 P.-L Assoun, "La prédiction freudienne. Pour une métapsychologie de la haine pure", in *Freud à l'aube du XXIe siècle*, sous la direction A. Willy Szafran et Adolohe Nysenholc, L'Esprit du temps, 2004, p. 13-27.
26 J. Lacan, *Le Séminaire VI. Le désir et son interprétation*, 11 février 1959.

5

1 *Psychopathologie de la vie quotidienne*, G.W.IV.
2 Lettre de Freud à Fliess du 3 octobre 1897, in *Lettres à Wilhlm Fliess (1887-1904)*, p. 340.
3 P.-L. Assoun, *Frères et soeurs. Leçons de psychanalyse, op. cit.*
4 S. Freud, *Un souvenir d'enfance de 'Poésie et vérité'*, G.W.XII, 24.
5 S. Freud, *Interprétation du rêve*, G.W.II-III.
6 S. Freud, *Psychologie des masses et analyse du moi*, G.W.XIII, 133.
7 *Un souvenir d'enfance de 'Poésie et vérité'*, G.W.XII.
8 *Interprétation du rêve*, G.W.II-III, 257.
9 *Interprétation du rêve*, G.W.II-III, 258, n. 2.
10 *Analyse de la phobie d'un enfant de cinq ans*, sect. I, G.W.VII, 248.
11 *Un souvenir d'enfance de « Poésie et vérité »*, G.W.XII, 18.
12 *Nouvelle suite des conférences d'introduction à la psychanalyse*,

XXXIIIe, G.W.XV, 131.
13   Op .cit., p. 132.
14   "*Un enfant est battu*", ch. IV, G.W.XII, 206.
15   *Sur quelques mécanismes névrotiques dans la jalousie, la paranoïa et la homosexualité*, G.W.XIII, 203.
16   P.-L. Assoun, *Leçon psychanalytiques sur Masculin et féminin*, op. cit., p. 48-50.
17   *La Bible, Genèse*, 4:3-15.

6

1   Lettre de Freud à Fliess du 15 octobre 1897, in *Lettres à Wilhelm Fliess 1887-1904*, p. 344.
2   *Op. cit.*
3   *Au-delà du principe de plaisir*, G.W.XIII, 12.
4   P.-L. Assoun, *Freud et Nietzsche*, PUF, « Quadrige », 1998.
5   P.-L. Assoun, *L'excitation et ses destins inconscients*, PUF, 2013.
6   J. Lacan, *Le Séminaire XXI, Les non dupes errent*, 9 avril 1974.
7   *Le moi et le ça*, ch. III, G.W.XIII, 261.
8   *À partir de l'histoire d'une névrose infantile*, sect. VII, G.W.XII, 114.
9   P.-L. Assoun, *Leçons psychanalytiques sur Masculin et féminin*, Anthropos.
10 *Sur quelques mécanismes névrotiques dans la jalousie, la paranoïa et la homosexualité*, G.W.XIII, 196.
11 *L'organisation génitale infantile*.
12 *Quelques conséquences psychiques de la différence sexuelle anatomique*, G.W.XIV, 25.
13 *Abrégé de psychanalyse*, ch. 7, G.W.XVII, 120-121.
14 P.-L. Assoun, *Freud et la femme*, Payot, 2003.
15 P.-L. Assoun, *Frère et sœurs, op. cit.*, p. 176-178.

16 J. Lacan, *Le Séminaire livre V. Les Formations de l'inconscient*, 23 avril 1958, Seuil, p. 349.

7

1 P.-L. Assoun, *Freud et la femme*, Payot, 2003.
2 *Abrégé de psychanalyse*, ch. 3, G.W.XVII, 75.
3 *Psychologie des masses et analyses du moi*, ch. VII, G.W.XIII, 117.
4 P.-L. Assoun, *Introduction à la métapsychologie freudienne*, PUF, 1993.
5 *Interpretation du rêve*, ch. IV, G.W.II-III, 156.
6 P.-L. Assoun, "Figures du féminin et inconscient de l'œuvre : 'la femme pauvre' à l'epreuve de la psychanalyse", in *La littérature et le divan*, Hemann, 2011.
7 *Sur un type de choix d'objet particulier chez l'homme*, G.W.VIII, 68.
8 *Un souvenir d'enfance à partir de 'Poésie et verité'*, G.W.XII, 20.
9 *Minutes de la Société psychanalytique de Vienne*, t. IV, Gallimard, p. 271, séance du 25 février 1914.
10 *Le roman familial des névrosés*.
11 *À partir de l'histoire d'une névrose infantile,* ch. VII, G.W.XII, 115.
12 *Le Séminaire IV. Le Séminaire IV. La relarion d'objet*, 5 juin 1957.
13 D. Lagache, "Deuil pathologique" (1956), in *La Psychanalyse* n° 2, *Œvres*, vol. IV, Paris, PUF.
14 *Le Séminaire VI, La relation d'objet*, 5 juin 1957.
15 *Le délire et les rêves dans la 'Gradiva' de Jensen*, G.W.VII, 49.
16 *Op. cit.*, sect. III, G.W.VII, 107.
17 *Sur la psychogenèse d'un cas d'homosexualité féminine*.
18 P.-L. Assoun, "Masculin et féminin à l'épreuve de la psychanalyse:

	le genre impossible", in *Guerre et paix des sexes*, Julia Kristeva et al., Hachette, 2009, p. 121-127.
19	P.-L. Assoun, *Leçons psychanalytiques sur le masochisme*, Economica, 2007.
20	*Remémoration, répétition, perlaboration*.
21	P.-L. Assoun, *Leçons psychanalytiques sur le trnsfert*, Economica, p. 46.
22	*Remarques sur l'amour de transfert*.
23	*L'analyse finie et l'analyse sans fin*, sect. IV, G.W.XVI, 78.

8

1	D. Lagche, *La jalousie amoureuse, op. cit.*, p. 349.
2	*Manuscrit H*, 24 janvier 1895, in *Lettres à Wilhelm Fliess, op. cit.*, p. 144.
3	*Remarques sur un cas de paranoïa décrit autobiographiquement*, sect. III, G.W.VIII, 300.
4	P.-L. Assoun, "Au risque du toxique. Pour une lecture psychanalytique d'*Au-dessous du volcan*", in *Topique* n° 63, 2009, p. 31-45.
5	*Leçons d'introduction à la psychanalyse*, XIVe, "Psychanalyse et psychiatrie", G.W.XI, 254-260.
6	Ruth Mack Brunswick, *L'analyse d'un délire de jalousie*, 1928, in *Féminité mascarade*, Éditions du Seuil p. 133-195.
7	*Sur la sexualité féminine*, sect. III, G.W.XIV, 519.
8	Marie Bonaparte, "Le cas de madame Lefevre", in *Revue française de psychanalyse*, 1927 et *Psychanalyse et anthropologie*, PUF, 1952, p. 5-45. Cf. P.-L. Assoun, *Dictionnaire des œuvres psychanalytiques*, PUF, 2009, p. 253-256.
9	J. Lacan, *De la psychose paranoïaque dans ses rapports avec la personnalité*, 1932; Éditions du Seuil, 1975, II. "Le cas 'Aimée' ou la paranoïa d'autopunition".

10	*Op. cit.*, p. 158.
11	*Op. cit.*, p. 164.
12	*Op. cit.*, p. 224.
13	P.-L. Assoun, "La passion érotomane ou l'amour délirant", in *Le couple inconscient. Amour freudien et passion postcourtoise*, Anthropos/Economica, 2ᵉ éd., 2004, p. 103-124.
14	*Quelques types de caractères à partir du travail psyanalytique*, G.W.X., 382-387. P.-L. Assoun, *Litératures et psychanalyse. Freud et la création littéraire*, Ellipses/Marketing, 1995, p. 94.
15	J. Lacan, *Le Séminaire III. Les psychoses*, 30 novembre 1955, Seuil, p. 53.
16	J. Lacan, *Le Séminaire III. Les psychoses*, 15 février 1956, Seuil, p. 166.
17	J. Lacan, *Le Séminaire V. Les formations de l'inconscient*, 25 juin 1958, Seuil, p. 481-482.
18	*La perte de la réalité dans la névrose et la psychose*, G.W.XIV.

9

1	Molière, *Sganarelle ou le Cocu imaginaire*, 1660.
2	Shakespeare, *Othello ou Le Maure de Venise*, 1604.
3	Fernand Crommelynck, *Le Cocu magnifique*, 1921; Gallimard, 1967; Éditions Labor, Bruxelles, 1987.
4	Hérodote, *Histoires*.
5	P.-L. Assoun, *L'énigme de la manie. La passion du facteur Cheval*, Éditions Arkhé, 2010.
6	Alfred de Musset, *À quoi rêvent le jeunes filles*, 1832.
7	Albert Cohen, *Belle du Seigneur*.
8	Marcel Proust, "Albertine disparue", in *A La Recherche du temps perdu*, vol. VI, 1927; Grasset, 1987.
9	*Op. cit.*, p. 22.
10	*Op. cit.*, p. 418.

11	*Op. cit.*, p. 30.
12	*Op. cit.*, p. 424.
13	*Op. cit.*, p. 474.
14	J. Lacan, *Le Séminaire I. Les écrits techniques de Freud*, 9 juin 1954; Seuil, p. 246-247.
15	M. Proust, *Du côté de chez Swann*.
16	M. Proust, *Albertine disparue, op. cit.*, p. 106.
17	P.-L. Assoun, "Les délices du deuil : l'objet du l'idéal chez Proust", in *Analyses et réflexions sur Proust, À l'ombre des jeunes filles en fleurs (deuxième partie)*, Ellipses, Éditions Marketing, 1993, p. 46-55.
18	Louix Guilloux, *Le sang noir*, Gallimard, 1935.
19	Marguerite Duras, *Le Ravissement de Lol V. Stein*, 1964; Gallimard Folio, 1981.
20	J. Lacan, *Le Séminaire XXIII, Le sinthome*, Seuil, 2005, p. 101.
21	Feydau, *La main passe*, 1904. Acte 1, scène 2.

10

1	*Quelques mécanismes névrotiques dans la jalousie, la parnïanoa et l'homosexualité*, G.W.XIII, 197.
2	*Revue française de psychanalyse*, 1932, tome V, n° 3, p. 393.
3	*Le Moi et le ça*, ch. III, G.W.XIII, 266.
4	Stendhal, *Lucien Leuwen*, 1834.
5	*Psychologie des masses et analyse du moi*, ch. XII, G.W.XIII, 134.
6	*Op. cit.*, G.W.XIII, 133.
7	*L'homme Moïse et la religion monothéiste*, III, 2e partie, D, G.W.XVI, 213.
8	*Op. cit.*, III, 1re partie, D, G.W.XVI, 197-198.
9	P.-L. Assoun, *Freud et les sciences sociales. Paschanalyse et théorie de la culture*, Armand Colin, Collection "U", 2e éd., 2008, p. 74-

77.
10 *Psychologie des masses et analyse du moi*.
11 *Op. cit.*, III, 1re partie, D ; G.W.XVI, 187.
12 P.-L. Assoun, *Freud et les sciences sociales, op. cit.*, p. 117.
13 *Psychologie des masses et analyse du moi*, ch. XII, G.W.XIII, 152.
14 *Op. cit.*
15 P.-L. Assoun, *Le couple inconscient, op. cit.*
16 Claude Lévi-Strauss, *Les Structures élémentaires de la parenté*, 1949.
17 Maxime du Camps, *Mémoire d'un suicidé*, C. Marpon et E. Flammarion, 1853, p. 299.
18 La 'moral sexuelle civilisée' et la névrosité moderne, G.W.VII, 152.
19 *Sur le plus général des rabaissements de la vie amoureuse*.
20 P.-L. Assoun, "L'inconcient du pouvoir. L'objet du politique de Freud à Lacan", in *Les figures cliniques du pouvoir*, sous la direction de Paul-Laurent Assoun et Markos Zafiropoulos, Anthropos/Economica, 2009, p. 21-37.
21 J. Lacan, *Le Séminaire IV. La relation d'objet*, 27 février 1957, Seuil, p. 191.
22 P.-L. Assoun, *Freud et les sciences sociales, op. cit.*, ch. 9, "Psychanalys, science du droit et criminologie", p. 113-146.
23 Etienne de Greef, *Amour et crimes d'amour*, Charles Dessart, Bruxelles, 1942.
24 Melanie Klein, *Envie et gratitude*, ch. I, Gallimard, p. 19.
25 "Les exceptions", in *Quelques types de caractères à partir du travail psychanalytique* ; P.-L. Assoun, *Le préjudice et l'idéal*, Economica, 2e éd., 2011.
26 "Les criminels par conscience de culpabilité", in *Quelques types de caractères à partir du travail psychanalytique*.
27 *La Bible, Genèse* 32.

28 *Malaise dans la culture*, G.W.XIV.
29 René Girard, *Mensonge romantique et vérité romanesque*, 1961; *La violence et le sacré*, 1972; *Le Bouc émissaire*, 1982.
30 *Exode* 20:5 ; 34:14 ; *Deutéronome* 4:24 ; 5:9 ; 6:15.
31 P.-L. Assoun, "L'Un inconscient. Monothéisme et psychanalyse", in "Déclinaisons de monothéisme", *Cliniques méditerranéennes*, Erès, 2006, p. 25-37.
32 P.-L. Assoun, "La Voix jalouse ou le 'feu dévorant'. L'inconscient monothèiste", in *Voix-Psychanalyse 2012*, Solipsy, 2013, p. 67-77.

결(結)

1 J. Lacan, *Le Séminaire VII. L'éthique de la psychanalyse*, 18 mai 1960, Seuil, p. 278.
2 D. Lagache, *La jalousie amoureuse, op. cit.*
3 E. Bergler, *La névrose de base*, 1949; Payot, 1963.
4 J. Lacan, *Le Séminaire IV. La relation d'objet*, 20 mars 1957.
5 J. Lacan, *Le Séminaire X. L'angoisse*, 13 mars 1963, Seuil, p. 209.
6 Molière, *L'École des femmes*, Acte II, scène 5.
7 J. Lacan, *Le Séminaire XXI. Les non-dupé errent*, 11 Mai 1974.
8 P.-L. Assoun, "Médée ou le crime mélancolique. Féminin, inconscient, inhumain", in *Analyses et réflexions sur Sénèque, Médée, l'humain et l'inhumain*, Editions Ellipses/Marketing, 1997, p. 73-82.
9 *Trois essais sur la théorie sexuelle*, G.W.V, 48, n°. 1.
10 Marcel Proust, *Un amour de Schwann*.
11 P.-L. Assoun, *Le Pervers et la Femme*, Anthropos/Economoca, 2e éd. 1996, ch. I.
12 *La dynamique du transfert*.
13 J. Lacan, *Les quatre concepts fondamentaux de la psychanalyse*, 11 mars 1964, Seuil, p. 107.

질투, 사랑의 그림자

초판 1쇄 발행 • 2021년 1월 4일

지은이 • 폴—로랑 아숭
옮긴이 • 표원경

펴낸이 • 표원경
펴낸곳 • 한동네
디자인 • 표지 _ 이경란(design SOYO) | 본문 _ 금노을

주　　소 • 14900 경기도 시흥시 하우로 145번길 35
전　　화 • 070-4159-1230　팩스 • 031-311-1232
원고접수 • cello-freesia@hanmail.net

출판등록 • 2015년 4월 1일

ISBN 979 -11 - 972892 - 0 - 0 (93180)

Leçons psychanalytiques sur La Jalousie
by Paul-Laurent Assoun

Copyright © Éditions Economica, 2014

Korean edition copyright © Handongnei, 2021
Translated by Pyo Won-Kyung

All rights reserved.

This Korean edition published by arragement with Éditions Economica through Shinwon Agency Co., Seoul.

- 이 책의 한국어판 저작권은 신원 에이전시를 통해 저작권자와 독점 계약한 도서출판 한동네에 있습니다.
  저작권법에 의해 한국 내에서 보호를 받는 저작물이므로 인용이나 복사를 원하시는 분은 한동네의 허락을 받으셔야 합니다.

- 파본이나 잘못된 책은 구입하신 곳에서 바꿔드립니다.

- 이 책의 국립중앙도서관 출판예정도서목록(CIP)은 http://seoji.nl.go.kr와 http://kolis-net.nl.go.kr에서 이용하실 수 있습니다.
  (CIP제어번호 : CIP2020052132)